PAUL-HENRY COURRIÈRE

COMMENT FUT SAUVÉ PARIS

L'Ourcq. 5-10 septembre 1914.

PRÉFACE DU GÉNÉRAL MAUNOURY

AVEC UNE CARTE

TROISIÈME ÉDITION

Librairie académique PERRIN et Cie

COMMENT FUT SAUVÉ PARIS

DU MÊME AUTEUR

En Alsace (*Histoire héroïque de la Grande Guerre*). Un volume in-8º jésus (Éditions et Librairie). . . . . 2 fr.

EN PRÉPARATION

Les deux campagnes de France, 1814-1914. *Mont-mirail, Vauchamps, Champaubert.*

Paul-Henry **COURRIÈRE**

———

COMMENT FUT SAUVÉ PARIS

L'Ourcq. 5-10 septembre 1914.

Préface du Général MAUNOURY

———

AVEC UNE CARTE

———

PARIS

LIBRAIRIE ACADÉMIQUE

PERRIN ET Cⁱᵉ, LIBRAIRES-ÉDITEURS

35, QUAI DES GRANDS-AUGUSTINS, 35

1918

Monsieur,

Vous me demandez quelques lignes de préface pour le livre que vous écrivez sur cette belle victoire de l'Ourcq, qui a eu une si grande part dans l'immortelle victoire de la Marne.

Je le fais volontiers, tout en regrettant de n'avoir plus toute la vigueur de pensée nécessaire pour écrire en l'honneur de nos héroïques soldats; je ne puis que répéter ce que je disais à mes troupes dans mon ordre du 10 septembre 1914 :

« Si j'ai fait quelque bien, j'en ai été
« récompensé par le plus grand honneur
« qui m'ait été décerné dans ma longue
« carrière, celui d'avoir commandé à des
« hommes tels que vous. »

Ces mots, Monsieur, votre ouvrage en démontrera la vérité, puisqu'il fera voir aux

Français que c'est à ces soldats, à leur courage, à leur mépris du danger, à la mort glorieuse de tant de héros, que Paris a dû d'échapper à la fureur et au vandalisme que von Klück, dans un de ses cantonnements au début de septembre, s'était vanté de déployer dès son entrée dans la capitale.

Pour le salut de Paris, la vaillante 6e armée était décidée à ne pas ménager une seule goutte de son sang. Quelle reconnaissance ne devons-nous pas à ceux qui sont morts pour la Patrie, sans regarder en arrière, pendant les dures journées du 5 au 9 septembre 1914!

Je n'ajoute plus rien. Mes paroles ne sauraient donner à ceux qui sont tombés, ainsi qu'à ceux qui tiendront *jusqu'au bout* plus de gloire que ne le fait votre beau livre.

Herbilly, le 11 janvier 1918.

Maunoury

COMMENT FUT SAUVÉ PARIS

(L'OURCQ, 5-10 SEPTEMBRE 1914)

I

LA RETRAITE

Le 23 août 1914, au soir, la bataille de Sambre-et-Meuse est perdue. L'armée de Klück, forte de cinq corps d'armée, s'est rabattue autour de Mons sur l'armée britannique. Celle-ci, après trois heures de contact, débordée par sa gauche et se sentant isolée, se replie. La 5e armée, qui lutte au sud de la Sambre depuis le 21 contre les cinq corps de l'armée de Bülow, voit les forts de Namur réduits, le 3e corps se retirer en désordre sur Walcourt-Silenrieux, le 1er à sa droite, obligé de se retourner pour faire face à l'armée d'Hausen, qui a passé la Meuse à Hastière ; elle a reçu, à cette heure, l'ordre général de retraite. Les 3e et 4e armées, après la dure journée du 22, où, sur un terrain boisé et difficile, elles se sont heurtées dans leur offensive à des positions préparées à l'avance, se retirent lentement vers la Meuse.

A Vitry-le-François, dans les salles du petit collège, où travaillent le généralissime et son état-major, d'heure en heure, les mauvaises nouvelles affluent. Car la route de Paris, ouverte au nord, n'est pas moins menacée du côté de l'est. Après avoir occupé Lunéville, le kronprinz de Bavière, rejoint dans les plaines de Roselieures par l'armée d'Heeringen, marche sur la trouée de Charmes, pour tourner notre système défensif et, par Troyes, couper les communications des armées du Nord.

Napoléon a écrit : « La première qualité d'un général en chef est d'avoir la tête froide. » En cette heure grave où tout s'effondrait, ce fut la qualité éminente du général Joffre. D'un coup d'œil clair, il a envisagé la situation. Il sait en accepter toutes les conséquences, et, parmi celles-ci la plus pénible, l'abandon d'une partie du territoire national. Il résiste à la tentation de s'appuyer à Lille et à Maubeuge, de s'accrocher aux ouvrages fortifiés et aux forêts de la région frontière [1]. Il rompt résolument la bataille mal engagée, avant qu'elle soit devenue une irréparable défaite, et il va la reporter en arrière, car la bataille de la Marne n'est pas autre chose que celle de Sambre-et-Meuse, reprise dans des conditions plus favorables.

Les armées Dubail et Castelnau paraissent, malgré les prélèvements que la nécessité impose, pouvoir arrêter l'ennemi en avant de la Moselle et garder le pivot de l'est. Le danger le plus pressant s'affirme

---

1. En première ligne, les ouvrages de Curgies et de Maulde, les forêts de Raismes, de Mormal et de Saint-Michel.

à gauche, à l'aile occidentale, où les avant-
gardes de Klück, allégées, marchent à raison
de quarante kilomètres par jour, bouscu-
lant successivement les régiments territo-
riaux du général d'Amade à Cysoing,
l'armée britannique au Cateau et à Lan-
drecies. La première préoccupation du général en chef est donc, dès le 25 août, de
déplacer l'axe de la bataille en constituant
de ce côté une masse de manœuvre capable
de reprendre l'offensive le plus tôt possible. Il s'agit, dans sa pensée, non seulement d'arrêter la marche foudroyante de
la 1re armée allemande mais encore de
gagner le temps nécessaire à la préparation
d'un nouveau et vigoureux mouvement en
avant. Telle est bien la pensée directrice de
l'instruction générale n°2 en date de ce jour :

*« La manœuvre offensive projetée n'ayant
pu être exécutée, les opérations ultérieures
seront réglées de manière à reconstituer, à
notre gauche, par la jonction des 4ᵉ et*

5ᵉ armées, *de l'armée anglaise et de forces nouvelles prélevées sur la région de l'est,* une masse de manœuvre capable de reprendre l'offensive *pendant que les autres armées, contiendront, le temps nécessaire, les efforts de l'ennemi.*

Le mouvement de repli est prévu de manière à réaliser le dispositif suivant, préparatoire à l'offensive :

En avant d'Amiens, entre Domart-en-Ponthieu et Corbie, ou en arrière de la Somme, entre Picquigny et Villers-Bretonneux, un nouveau groupement de forces constitué par les éléments transportés en chemin de fer (7ᵉ corps, quatre divisions de réserve et peut-être un autre corps d'armée actif) [1]*, groupé du 27 août au 2 septembre. Ce groupement sera prêt à passer à l'offensive en direction générale Saint-Pol-Arras ou Arras-Bapaume.*

La même instruction fixe les zones de

---

1. Le 4ᵉ corps d'armée.

marche des armées en retraite jusqu'à la rive gauche de la Somme. Elle ajoute :

Le mouvement sera couvert par des arrière-gardes laissées sur les coupures favorables du terrain, de façon à utiliser tous les obstacles, pour arrêter par des contre-attaques, courtes et violentes, dont l'élément principal sera l'artillerie, la marche de l'ennemi ou, tout ou moins, la retarder. »

Après l'incertitude, et pour quelques-uns, l'angoisse des dernières heures, une claire volonté créait un ordre nouveau.

Que l'on songe aux difficultés d'un pareil repli, le plus considérable, tant par le chiffre des effectifs que par l'étendue du front, qu'un chef d'armée ait jamais ordonné et qui va mériter d'être appelé par un grand soldat, le maréchal French, « la splendide retraite[1] ». Sous le feu de l'ennemi, il s'agit

1. Un écrivain suisse germanophile, M. Stegemann, reconnaîtra que le général Joffre, dans les circonstances difficiles où il s'est trouvé, « a été un calculateur calme et sûr et s'est montré un maître ».

de faire rétrograder, sur une ligne de près de trois cents kilomètres, huit cent mille hommes dont un grand nombre appartenant à des corps décimés, désorganisés, déprimés en outre par la surprise de l'artillerie lourde et des mitrailleuses[1]. En quelques heures, on a dû tout prévoir, le regroupement des unités, le repliement des convois de vivres et de munitions, des gares-régulatrices, des dépôts, des stations-magasins, l'évacuation d'une partie de la population civile, la destruction des forts d'arrêt, la rupture des ouvrages d'art, l'embarquement de la garnison belge échappée de Namur et qui se rend au Havre, la formation de nouvelles armées, l'une, la 6° à l'extrême

1. Certaines unités accomplirent dans les lignes ennemies une véritable odyssée pleine de péripéties. C'est ainsi qu'une compagnie du 332°, coupée le 2 septembre dans la région de Lille de la division dont elle fait partie, se trouve le 3 dans la région de Laon, s'arrête le 6 pour se battre dans le bois de Vauclère, traverse l'Aisne, gagne Cormicy, remonte dans la forêt d'Argonne et parvient seulement, après quatorze jours de marche et de combats, à faire sa jonction, le 15 septembre, avec un corps de cavalerie français.

aile gauche, l'autre, la 9°, l'armée Foch, qui va s'intercaler entre la 4° et la 5°, leur transport sur des lignes transversales à de nouveaux points de concentration. En même temps que s'effectuent ces diverses opérations, il faut diriger et suivre la marche des gros, veiller à ce qu'ils ne se laissent ni accrocher ni entamer, tout en arrêtant chaque fois qu'il est nécessaire la poursuite de l'ennemi, modérer la fougue d'un Lanrezac après son succès de Guise, ramener Langle de Cary, après l'heureuse journée du 27, à la conception initiale, avoir la sagesse de lui répondre :

« Je ne vois pas d'inconvénient à ce que vous restiez demain 28 sur vos positions afin d'affirmer vos succès et de montrer que la retraite est purement stratégique mais, le 29, la marche doit être reprise en retraite. »

Pour cette tâche formidable et cette situation sans exemple, il a fallu la calme résolution d'un grand chef et le travail acharné de ses collaborateurs [1]. Maintenant, sur toutes les routes, blanches de soleil et de poussière, de la Woëvre, des Ardennes, de la Thiérarche et de l'Artois, c'est le défilé interminable des bataillons, des escadrons, des batteries, des caissons, des fourgons, des forges de campagne. Puis, ce sont les trains régimentaires, les convois administratifs, les fourragères, les boulangeries roulantes, les ambulances, les voitures de matériel téléphonique et de T. S. F. et les chariots portant les bateaux en aluminium, toute la vie des armées d'aujourd'hui. Sur les bas côtés, sans ordre, l'infanterie avance de son pas à la fois rapide et traînard. Le fusil en arrière, les hommes ont des visages amaigris et poudreux, déjà envahis par la barbe, les muscles du cou tirés par le poids du sac, les mâchoires serrées contre la faim et la soif. Mais, dans les villages retra-

1. A ce moment, les généraux Belin, Berthelot et le lieutenant-colonel Pont.

versés, s'il y a encore quelques drapeaux aux fenêtres, il n'y a plus personne pour réconforter les soldats exténués. Hostiles, les paysans se sont barricadés et enterrent au fond de leur jardin les dernières provisions. C'est surtout, sous le bruit du canon qui approche, s'infiltrant et courant dans ce flot, l'innombrable cohue de ceux qui fuient sans but, sans guides, *vers le sud*, piétons aux jambes lasses d'avoir trop marché, cyclistes fendant la foule, leurs machines à la main, puis, les véhicules de toutes sortes, charrettes, carrioles, voitures d'enfant, sur lesquelles sont entassés les objets les plus hétéroclites, ramassés dans un geste d'affolement ; quelques vaches tirées à la corde, se retournant pour beugler l'étable abandonnée ; un jeune poulain qui galope et hennit, appelant sa mère perdue dans le torrent Sur toute cette foule, s'est abattue une indifférence totale et fataliste. Seuls, des fous, des nouveaux fous, hurlent leur épouvante ; une femme qui vient de laisser tomber son enfant, ne s'en aperçoit pas et continue sa route. Et pendant qu'en sens inverse, courant au-devant de l'horizon en flammes, des batteries passent à vive allure, allant prendre position, toute la vie d'un pays s'écoule, le long des routes, tout un peuple fuit, pareil à ceux d'autrefois, devant l'invasion des Barbares.

Par bouffées lointaines, arrive déjà aux oreilles, clamé férocement dans la plaine, le chant de défi et de haine : *Deutschland über alles !* le brutal *Væ victis* d'aujourd'hui, *Deutschland über alles !* l'Allemagne au-dessus de tout, au-dessus du droit, de la justice, de l'éternelle pitié.

A quelques heures de marche, derrière le rideau des avant-gardes, uhlans et autos-mitrailleuses, dévalant, pressées, de partout, comme de grands fleuves sortis de leur lit, avec la même puissance irrésistible, les colonnes ennemies glissent et déferlent. Des rangs monte un chant guerrier, grave, quasi-religieux, scandé par la cadence lourde du pas énorme et fatidique. Régiments après régiments, brigades après brigades, les corps défilent plusieurs jours sans interruption. Derrière l'infanterie avec ses compagnies de mitrailleuses, ce sont les dragons, les chasseurs, les hussards de la mort, les batteries de campagne, puis les batteries lourdes traînées par trente-deux chevaux, les bataillons de chemins de fer, les parcs d'aviation et d'aérostation, des files interminables de voitures portant les sacs des soldats et les rapines déjà faites. Ensuite, des fourgons dans lesquels on imprime la *Deutsche Krieger-Zeitung*, des cuisines roulantes qui circulent le long des unités, servant aux hommes en marche la soupe ou le café fumants, des bicyclistes, porteurs de lourds rouleaux, qui, au fur et à mesure de l'avance, accrochent aux branches, d'arbre en arbre, les fils téléphoniques. A tous les carrefours, des guides, employés ou ouvriers qui ont travaillé dans la région, montrent le chemin et jamais il ne se produira une erreur de parcours. Tout est fort, cohérent, puissant et révèle dans chaque détail la préparation faite depuis quarante-trois ans en vue du coup foudroyant que l'Allemagne compte porter.

Le lendemain, puis les jours suivants, le défilé se poursuit toujours pareil, sans interruption, avec encore d'autres bataillons, d'autres canons. Le même tournant est pris du même pas lourd avec ce même refrain hurlé : *Nach Paris ! Nach Paris !* Paris, but suprême des convoitises de ces millions d'hommes. Depuis qu'ils ont franchi la frontière, avec la certitude d'une victoire rapide et facile, d'un butin immense, ces soldats marchent grisés de flatteries, saturés de mensonges et de fausses nouvelles[1]. A

1. Dès les premiers jours d'août, on apprend aux troupes que des Français, déguisés en femmes, transportant en

l'école ou au gymnase, les maîtres leur ont appris qu'ils constituaient le peuple élu. Aujourd'hui, les officiers leur disent : « Vous êtes la phalange des phalanges et rien ne peut vous résister. » Rien ne semble en effet pouvoir arrêter ces coulées de laves grises qui descendent irrésistibles vers le cœur de la France. Il y a à cette heure, dans le monde entier qui sait, un moment de stupeur et d'angoisse et, comme l'a dit un journaliste ami : « L'univers retenait sa respiration »[1].

Deux de ces masses, les 200.000 hommes de l'armée Klück, déjà grisés par leur entrée

automobile cent millions en or, destinés à la Russie, ont été arrêtés en traversant l'Allemagne.

Le 5 août, la nouvelle de la capture de l'armée belge et de l'anéantissement de la flotte russe, est confirmée à un officier de cavalerie du XVIII° corps. Le 1er septembre, on donne aux bivouacs du 28° régiment d'infanterie prussien, trois réjouissantes nouvelles : « 1° 60.000 Russes sont battus et faits prisonniers avec deux généraux commandant en chef ; 2° toute l'armée anglaise, venue au secours de la France, est battue et faite prisonnière à Maubeuge ; 3° l'ennemi est en pleine déroute... »

1. M. Clutton Brock, dans le *Times*.

triomphale dans Bruxelles, pénètrent en France par la trouée du nord, de Lille à Valenciennes. Depuis Cambrai, elles empruntent les grandes routes de Bapaume et de Péronne. Au cours des journées des 27 et 28, les divisions du groupe Ebener, chargées de couvrir, dans la région de Bapaume, les débarquements de la 6° armée, sont, après une résistance acharnée, bousculées et rejetées, la 62° division en partie sur Péronne, en partie sur Bapaume et Arras tandis que la 61°, après que les batteries du 21° régiment d'artillerie lui ont ouvert une large brèche dans les lignes allemandes, peut se replier par Corbie et Amiens. Bretons et Limousins se sont battus d'une façon splendide. Un officier du 318° d'infanterie a vu un soldat du 262°, Le Guennec, resté seul de la garde du drapeau, emporter l'emblème dans la nuit, « ayant la crainte de ne pouvoir le sauver ». Mais ces régiments ont été très éprouvés, des unités ont disparu; le

219° et le 262ᵉ entre autres, n'ont plus un sac ni un outil de campagne. Au 318, le 5ᵉ bataillon, seul, a conservé des outils.

L'ennemi atteint la Somme le 28 au soir ; son avant-garde se présente devant Péronne vers 15 heures. Les bataillons de chasseurs du colonel Serret, des dragons, tentent de lui en disputer l'entrée mais, submergés par le nombre, doivent rétrograder. Leur résistance a cependant permis au gros d'effectuer leur repli en bon ordre de l'autre côté de la rivière. Le lendemain, la reprise de l'offensive trouve les premiers éléments de la 6ᵉ armée, les 14ᵉ et 63ᵉ divisions de l'ancienne armée d'Alsace, la brigade marocaine, déployés dans la grande plaine de Santerre, de Péronne à Rosières. On croit à ce moment, pouvoir surprendre l'armée de Klück, pressant fortement l'armée britannique, entre les premiers corps de Maunoury et ceux de Lanrezac. La 5ᵉ armée livre à Guise une bataille qui est un succès tactique, mais la 6ᵉ armée, attaquée par des forces très supérieures, est débordée. Le 29, à Proyart, à Harbonnières, à Chaulnes, à Arvillers, 15.000 lignards et chasseurs et le 30, les premiers bataillons de la 55ᵉ division de réserve, à l'Échelle Saint-Aurin[1] arrêtent 60.000 Allemands. Malgré une vive résistance et de lourdes pertes infligées à l'ennemi, ces troupes doivent battre en retraite pour échapper à l'enveloppement.

Par Clermont et Senlis, par la forêt de Chantilly, survolées par les *tauben*, talonnées par les uhlans, les unités se désagrègent. Les hommes, harassés par les longues étapes, écrasés par la chaleur, ne trouvant

---

1. La 55ᵉ division de réserve, embarquée le 28 août, au matin, à Sampigny, vient de débarquer le 29, dans la matinée, à Montdidier. Elle a bivouaqué dans les champs, près de Roye. La 56ᵉ division s'est seulement embarquée le 29 à Dugny et à Bamoncourt.

Après l'engagement de l'Echelle Saint-Aurin, ces deux divisions suivant le mouvement général de retraite, iront s'installer sur les hauteurs de Clermont-sur-Oise, formant échelon en arrière.

pour calmer leur faim et étancher leur soif
que les fruits encore verts cueillis le long
du chemin, souffrant encore plus du manque
de sommeil, voient les kilomètres succéder
aux kilomètres, les villages aux villages[1].
Beaucoup, les pieds en sang, n'avancent
plus que péniblement, s'appuyant sur un
bâton. D'autres, épuisés, tombent à genoux,
au bord de la route sans fin, basculent d'un
coup d'épaule le sac qui pèse trop lourd et
s'étendent dessus, les bras en croix, comme
des morts.

Dans la forêt de Chantilly, devant le château de la Reine-Blanche qui, sous le soleil
ardent, met une note de clarté au bout des
étangs, un lieutenant de dragons a arrêté
ses hommes. Deux d'entre eux, exténués,
s'endorment sur l'encolure de leurs che-

---

1. « Nous venons d'abattre près de cent cinquante kilomètres en ces trois derniers jours et nuits et d'une marche
rendue encore plus pénible par la grande chaleur, le
manque de sommeil et de nourriture », écrit Victor Boudon, qui marche près du lieutenant Péguy.

vaux. Lui, remplit ses yeux de cette grâce unique. Il est le dernier à passer par là et il adresse un adieu chargé d'angoisse à ces merveilles qu'il ne croit plus revoir. Pour ne pas pleurer, il mordille nerveusement sa moustache, puis, laisse échapper d'une voix sombre ces mots qui l'étouffent : « Pas assez d'enfants ! Pas assez de soldats ! Pas assez de canons ! » Tout semble à ce moment devoir s'effondrer.

Quelques jours après, la France éternelle, se redressait.

Jusqu'au communiqué du 28 août, 23 heures, qui, en quelques lignes brutales, ramène nos armées de la Belgique à la Somme, Paris n'a rien su. Les Allemands sont à Péronne et on attend avec confiance des nouvelles de la grande bataille engagée.

Grâce à l'optimisme imprécis des bulletins, le Parisien en est encore aux légendes des obus allemands qui n'éclatent pas, de l'infanterie ennemie qui s'enfuit devant nos baïonnettes, et du prisonnier qui se rend à la vue d'un morceau de pain. Ni la note officielle parue dans les journaux le 25 au matin, avouant aussi sincèrement que possible l'échec de notre offensive, ni la reconstitution sur de nouvelles bases du Ministère ne lui ont ouvert les yeux.

Le 29 au matin, ceux qui ont pris le journal au kiosque, en voyant la première ligne du communiqué : « La situation de notre front, de la Somme aux Vosges... »[1] ont replié précipitamment la feuille, l'ont glissée dans leur poche, pour lire seuls, chez eux, à l'abri des regards indiscrets, le récit qui vient détruire, en quelques secondes, les rêves de victoire longuement échafaudés. La funeste et brève révéla-

1. En voici le texte complet : « La situation de notre front, de la Somme aux Vosges, est restée aujourd'hui ce qu'elle était hier.

« Les forces allemandes paraissent avoir ralenti leur marche. »

tion est accompagnée d'une longue proclamation du ministère Viviani remanié :

« Le Gouvernement nouveau vient de prendre possession de son poste d'honneur et de combat.

« Le pays sait qu'il peut compter sur sa vigilance, sur son énergie et que, de toute son âme, il se donne à sa défense.

« Le Gouvernement sait qu'il peut compter sur le pays.... Un combat se livre, capital certes, mais non décisif. Quelle qu'en soit l'issue, la lutte continuera. La France n'est pas la proie facile que s'est imaginée l'insolence de l'ennemi.

« Français.

« Le devoir est tragique, mais il est simple : repousser l'envahisseur.... »

Cette fois, on a compris, c'est la Patrie en danger. Un compte rendu du Conseil tenu dans la matinée relate qu'après avoir nommé le général Galliéni gouverneur militaire, commandant l'armée de Paris, on s'est occupé de la mise en état du camp retranché. Le gouvernement envisage donc que la capitale pourrait être l'objet d'une attaque prochaine. Après les espoirs démesurés des jours précédents, l'on pouvait craindre chez le Parisien, si aisément nerveux, un sursaut de panique, mais tout le monde reste calme. La confiance demeure entière, absolue, presque inexplicable en présence des communiqués qui annoncent les progrès de l'aile marchante allemande à notre gauche, malgré l'arrivée des premiers convois de réfugiés qui apportent des visions d'épouvante, en dépit enfin de la visite des *Tauben.*

La première de celles-ci se produit le dimanche 3o août, vers midi. Volant à deux mille mètres dans un ciel dont la pureté contraste avec la terrible tragédie qui se joue aux portes de Paris, le lieutenant von Hiddessen lance quatre bombes dans les environs de la place de la République puis une longue oriflamme à l'extrémité de laquelle est fixée une lettre portant ces

deux lignes : « Parisiens, rendez-vous.
Déjà, nos armées sont devant la ville. »[1]
Le lendemain, un autre évolue au-dessus
du quartier des Halles, de la Bourse et de
l'Opéra, jetant dans des pochettes la nouvelle de la défaite française à Saint-Quentin
et de la défaite russe à Osterode ; le sur-
lendemain, quatre bombes sont lancées
rue de la Condamine, rue de Moscou à
l'angle de la rue de Berlin, rue Joubert sur
un immeuble en démolition et rue de la
Michodière ; la première tue une personne
et en blesse cinq ; la seconde en tue deux
et en blesse dix. Le 2 septembre, d'autres
avions survolent la capitale. L'un d'eux,
repoussé par le feu de la Tour Eiffel, suit

1. Les quatre bombes lancées tombèrent, la première,
au 7 de la rue des Récollets, provoquant un commencement
d'incendie aussitôt éteint ; la seconde, rasant l'immeuble
qui fait le coin de la rue Albouy et de la rue des Vinai-
griers, creuse dans le trottoir un trou de quelques centi-
mètres de profondeur, tue un passant et en blesse quatre ;
la troisième traverse, rue des Marais, 68, le toit d'une
maison particulière, endommageant le mobilier de trois
pièces contiguës. Quant à la quatrième, elle n'éclate pas.

la Seine jusqu'au Jardin des Plantes, à la grande joie des habitants massés sur les quais et les ponts; un autre survole Montmartre et, dans le haut de la rue Lepic et rue d'Orchampt, laisse tomber deux bombes qui tuent une personne et en blessent trois.

Si les Allemands ont cru par ce procédé terroriser Paris, ils se sont encore une fois trompés. Les évolutions des *Tauben* dans le soleil, la pétarade des bombes, la fusillade tartarinesque qui les salue, constituent pour ses habitants un spectacle nouveau et gratuit qui vient rompre la monotonie de la vie. Nombreux sont ceux qui, au moment critique, escaladent la Butte Montmartre ou le talus des fortifications, se rassemblent place de l'Étoile ou place de la Concorde, sur les quais ou sur les ponts, pour mieux jouir du coup d'œil. Des commerçants ingénieux ont installé des bancs en gradins, d'autres louent des lorgnettes; les gamins, en véritables moineaux de Paris criblent

les oiseaux de proie de ces coups de bec qui
en disent plus long sur l'âme de la grande
ville que les travaux les plus savants de
tous les Instituts. Un soir, l'un d'eux, im-
patienté de ne pas avoir encore vu tomber
de projectile, met ses mains en cornet
devant sa bouche et interpelle l'Allemand :
« Hé ! toi, là-haut ! lâche donc ta bombe,
qu'on aille dîner ! »

Dès le 3, cependant, le général Galliéni
prend les mesures nécessaires pour arrêter
ces incursions et une escadrille affectée au
camp retranché fait désormais la police du
ciel [1].

Cette bonne humeur inaltérable, cette
confiance, qui n'est plus faite d'optimisme
béat et que rien ne peut abattre, Paris doit
de les avoir conservées intactes à l'ancien

---

1. Aucune tentative ne sera plus faite avant le dimanche
27 septembre, jour où le lieutenant von Dekker revient
lancer six bombes. L'une tombant rue Freycinet, à l'angle
de l'avenue du Trocadéro, tue un passant, M. Hocquet
et blesse grièvement une petite fille, Denise Cartier, qui
devra subir l'amputation de la jambe.

combattant de Bazeilles, au rude soldat du Sénégal, du Soudan et de Madagascar. Lorsque quelques jours avant, le Gouvernement lui a demandé de défendre la capitale, il venait d'être frappé par un deuil cruel. Il n'hésite pas ; de Saint-Raphaël, il accourt. Rien n'était prêt pour une résistance sérieuse. Les forts, vieux de quarante ans, paraissaient incapables de tenir contre l'artillerie lourde. Le premier soin de Galliéni est de les visiter. Tout y manque. Immédiatement, sous les ordres du chef qui s'est révélé partout où il a passé, non seulement un conducteur d'hommes énergique mais un organisateur à la fois audacieux et habile, on se met à l'œuvre. Des trois lignes de défense qui enserrent Paris, la troisième seule offre quelque valeur. Elle a un périmètre de cent quatre-vingts kilomètres de développement. Quinze mille terrassiers, français, belges, italiens sont appelés pour la compléter et la renforcer.

En quelques jours, la zone des forts est évacuée, on abat les arbres et les maisons qui masquent les vues. Tranchées, abris de mitrailleuses, canons mis en place et dissimulés, projecteurs, chemins de fer à voic étroite, tous les travaux sont poussés activement. Des pièces de marine sont installées entre la route de Flandre et la route de Metz, sur les plateaux de Gonesse à Ville-Parisis. Des tranchées et des parapets, des chevaux de frise, des barricades de pavés et d'arbres mettent les barrières à l'abri d'un raid de cavalerie ou d'autos-mitrailleuses. On rassemble des vivres et des provisions de toutes sortes en prévision d'un siège. La défense de la Capitale est sérieusement préparée. Et Paris, qui a déjà tout vu, les invasions, les révolutions, la peste, les incendies, et qui n'a jamais eu peur, sait qu'il peut avoir confiance en Galliéni.

II

L'ARRÊT

Le 1ᵉʳ septembre, au moment où la
6ᵉ armée, poursuivant sa retraite, est sur la
ligne La Neuville-en-Hez-Avrigny, appuyée
à gauche, vers Noailles, par la cavalerie et
reliée, à droite, vers Verberie, à l'armée
britannique, le général Maunoury est
informé qu'il est placé, à la date du lendemain, sous les ordres du général Galliéni.
Il lui est prescrit, en même temps de venir
sans retard assurer la couverture du camp
retranché de Paris dans la direction du
nord et de l'est, entre la Marne et la grande
route de Paris à Senlis. Le général Mercier-
Milon, avec deux divisions territoriales,
protégera la région de la route de Senlis

jusqu'à l'Oise. Le groupe Ebener opérera à l'ouest de l'Oise, pour s'opposer au débordement de l'ennemi, en disputant les passages de la Viosne et le massif de l'Authie.

Le Gouverneur estime, en effet, que les troupes territoriales, chargées d'assurer la défense du camp retranché, sont trop nombreuses si leur tâche doit se borner à opposer à l'ennemi un semblant de résistance, ou insuffisantes si l'on doit se battre. Défendre Paris, c'est pour lui, prévenir l'ennemi, prendre une offensive vigoureuse, avec des forces assez importantes pour la mener à bien. Il a donc demandé et obtenu que des forces mobiles soient mises à sa disposition. La 6ᵉ armée devient l'armée de Paris. Dès le lendemain, enfin, pour mieux coordonner les opérations, le général Galliéni sera placé lui-même sous les ordres du général en chef.

Le mouvement de la 6ᵉ armée commence dans la journée du 2, après que la ligne de l'Oise a dû être abandonnée à la suite du combat de Verberie. L'ennemi talonne nos arrière-gardes et entre derrière elles à Verberie et à Creil. Les derniers Français défilent, vers 15 heures, en face de Senlis pour voir le bombardement, l'incendie, le clocher de la cathédrale chanceler sous le choc de là mitraille et les Allemands poussant devant eux un groupe de civils. Ils s'enfoncent de nuit dans la forêt de Chantilly ; des corps ont perdu leurs voitures de ravitaillement capturées par les uhlans. La retraite se précipite dans l'obscurité, achevant de briser les hommes. Il faut avancer rapidement car des uhlans talonnent la queue des colonnes.

Le soir du 3 septembre, enfin, la 6ᵉ armée aperçoit, dans le lointain, les pinceaux des projecteurs des forts et, par instants, clignotantes, les lumières de la capitale. Elle est arrivée, exténuée, sur ses emplacements. A sa droite, cependant, l'armée britannique et la 5° armée reculent encore et, avec elles, la manœuvre prévue. L'instruction du 1ᵉʳ septembre ne la laisse pas encore entrevoir [1]. Avec l'ordre du 2, toutefois, on la sent proche ; celui-ci indique, en effet, comme nouvelle limite de recul, sans qu'il dût être forcément dépassé, le front Bray-sur-Seine, Arcis-sur-Aube, Vitry-le-François et la région nord de Bar-le-Duc.

On attaquera, avant de l'atteindre, « *dès qu'on pourra réaliser le dispositif permettant la coopération de la totalité des forces* ». Et l'ordre ajoute : « *Il faut que les effectifs soient aussi complets que possible, les cadres reconstitués et le moral de tous à la hauteur des nouvelles tâches pour la prochaine re-*

---

1. « *Malgré, dit cette instruction, les succès tactiques obtenus par les 3ᵉ, 4° et 5° armées sur la Meuse et à Guise, le mouvement débordant effectué sur l'aile gauche de la 5ᵉ armée, insuffisamment arrêté par les troupes anglaises et la 6° armée, oblige l'ensemble de notre dispositif à pivoter autour de sa droite. Dès que la 5° armée aura échappé à la manœuvre d'enveloppement prononcée sur sa gauche, l'ensemble des 3°, 4° et 5° armées reprendra l'offensive.* »

*prise du mouvement en avant qui nous don-
nera le succès définitif.*

A ce moment-là seulement, la bataille pourra s'engager, utilisant, si cela est encore possible, les deux butoirs de Paris et de Verdun. C'est sur cette ligne qu'en principe elle est préparée, un peu plus au nord, un peu plus au sud, dès que l'ennemi prêtera le flanc à la manœuvre.

Il semble bien que la phase critique va se produire le 3 ou le 4, au moment où les Allemands se présenteront devant Paris. Que feront-ils? Vont-ils marcher droit sur la ville, dont les moyens de défense sont à ce moment insuffisants, ou bien rechercheront-ils sur la Marne ou la Seine, la bataille décisive, selon la pure doctrine de Napoléon et de Clausewitz.

Moltke, l'ancien, semble avoir déjà répondu par avance dans sa fameuse note de 1859.

*« Pour le cas où une armée française serait
rassemblée dans la région de Reims, il con-*

viendrait de se détourner de la direction de Paris pour attaquer les Français derrière l'Aisne, les rejeter au delà de la Marne, de la Seine, de l'Yonne, enfin derrière la Loire. Alors, nous pourrions marcher sur Paris.

« L'armée française est l'objectif des opérations et il faut la vaincre d'abord. »

On a dit également que cette question de principe avait été réglée au cours d'un *Kriegsspiel* tenu au cours de l'hiver 1913-1914[1]. Les armées allemandes y étaient disposées comme elles le sont à cette heure dans la réalité. Klück commandait sur le papier l'armée qu'il devait conduire sur le terrain quelques mois après ; arrivé avec ses avant-gardes sur le front Neuilly-en-Thelle-Senlis-Crépy, il aurait esquissé la menace d'une attaque brusquée sur Paris. Le chef d'État-major général, Moltke, le jeune, serait alors intervenu et aurait déclaré cette

---

1. « Le Kriegspiel historique de 1913 » par le général Cherfils (*Echo de Paris*, 29 avril 1916).

manœuvre contraire à toutes les règles.

Plus récemment, *La Renaissance* a donné, d'après un journal espagnol, l'*Euzkadi*, de Bilbao, une interview prise par Gudalgai à un « officier de marque » allemand prisonnier de laquelle il résulterait que Moltke aurait dû renouveler par trois fois à Klück l'ordre « de ne pas faire cas de Paris et de poursuivre les armées de Franchet d'Espérey »[1].

Ces deux versions, si elles sont exactes, sont à reproduire simplement à titre docu-

---

1. Sans suspecter l'authenticité du récit de Gudalgai reproduit par *La Renaissance*, dans son n° du 14 octobre 1916, il y a lieu, par contre, de faire quelques réserves sur la thèse de l'officier de marque allemand. Tout d'abord, il « commandait sous les ordres du général von Bülow » et semble, de ce fait, mal placé pour se rendre compte des événements qui se passèrent à l'aile droite allemande. D'autre part, dans l'itinéraire de la Ire armée, modifié dans sa direction, mais ininterrompu dans sa course, il est impossible de trouver trace des « trois jours de doutes, d'indécisions qui arrêtèrent la marche et donnèrent à Joffre tout le temps nécessaire ». Klück, dont l'avant-garde était à Senlis le 2 septembre au soir, passe la nuit du 3 au 4, avec son Etat-major à La Ferté-sous-Jouarre. Il faut donc admettre que s'il discutait, le chef de la Ire armée ne cessait pas de marcher.

mentaire. Il ne semble pas que l'on puisse s'y arrêter car elles témoignent d'une méconnaissance complète de l'esprit de doctrine qui règne au Grand État-major allemand et des règles de la stratégie.

Klück est un chef trop habile pour lancer ses masses sans liaison à travers les futaies impénétrables des forêts du Lys, de Chantilly et d'Ermenonville, pour se séparer du gros des forces allemandes et entreprendre, isolé, dans une direction divergente, une opération aussi grosse de conséquences que l'attaque, même brusquée, du camp retranché de Paris, sur le front nord tout au moins. Si ses fantassins allégés marchent à une vitesse de plus de trente kilomètres par jour, il ne faut pas oublier que les parcs de siège ne suivent que lentement, à plusieurs journées, qu'une grosse partie de ce matériel est encore employée contre Maubeuge. Klück n'a pas commis de faute. En obliquant vers Meaux, il a pris la seule décision qui pouvait être prise, il suit le mouvement général des armées allemandes. Sans atermoyer, ni tergiverser, il s'engage sur la route d'Ermenonville, couvert à droite par sa cavalerie que nos reconnaissances voient longer la Biberonne.

S'il y a eu hésitation, ainsi qu'il semble ressortir des radios interceptés, elle ne pouvait provenir que du Kaiser dont le goût pour les manifestations théâtrales devait le pousser à désirer une entrée triomphale dans la capitale. Mais la doctrine, Moltke et Klück l'emportent dans la journée du 2, très probablement dès qu'on eut appris la décision du Gouvernement français de se transporter à Bordeaux.

L'opinion de Klück est, du reste, connue aujourd'hui. Elle est donnée par un officier qui paraît avoir appartenu à son quartier-général ou qui, tout au moins, a servi sous ses ordres :

« Il (Klück) ne doute pas que les Allemands vont écraser rapidement *les miettes* de l'armée française. Les rapports des espions qui ont vu la retraite de l'armée ennemie sont très rassurants. C'est une horde déprimée, mécontente, sans aucun ressort. Elle n'a aucune chance de reprendre du mordant. *Le général ne craint rien du côté de Paris.* On reviendra à Paris après avoir anéanti *les restes* de l'armée franco-britannique. [1] »

Cette opinion est, en tous points, conforme à celle du Grand État-major qui, croyant l'armée française démoralisée, incapable d'un retour offensif, se sent maître du destin, libre de disposer à plaisir d'elle et de Paris[2]. D'ailleurs, dans son orgueilleuse présomption, celui-ci ne va-t-il pas jouer de l'un et de l'autre, à peu près dans le même temps?

1. *Les Batailles de la Marne* par un officier d'état-major allemand, p. 33.

2. Un ordre à l'armée, en date du 3 septembre, reflète cette impression. Il y est dit : « *Les débris* de l'armée française *s'enfuient* devant nous. Sitôt leur destruction achevée, les armées allemandes devront commencer l'investissement de Paris. »

L'attaque du camp retranché, manœuvre divergente si elle est effectuée sur le front nord et dangereuse, ne devient-elle pas une opération conjuguée et relativement aisée, si on l'entreprend sur un autre point, sur le front sud-est par exemple. De ce côté, la vallée de la Seine offre une voie d'accès facile, peu défendue. L'ennemi, qui s'avancerait dans cette direction, pourrait utiliser, pour sa marche et sa concentration, le couvert de la forêt de Sénart. Le Grand État-major allemand n'y a-t-il pas songé?

Il semble en effet résulter d'un ordre en date du 5 septembre, signé du général de Schwerin et trouvé à Puisieux après la bataille que, tandis que trois des cinq corps de l'armée Klück sont lancés à la poursuite de l'armée anglaise, et qu'un quatrième (le IV° corps de réserve) est laissé en flanc-garde en avant de l'Ourcq, le cinquième (le II° corps actif) va être poussé sur le Grand-Morin, au-dessous de Coulommiers, et, de là, dirigé contre le front sud-est de Paris [1].

La manœuvre aurait été habile, le succès presque certain. Elle a dû être envisagée car elle paraît déjà indiquée dans le plaidoyer en faveur de Klück écrit par le même officier allemand et qui révèle, comme ayant fait partie du grand plan, « le passage à l'est de Paris » et « la destruction des armées françaises au sud de Fontainebleau ». Mais les archives du Grand État-major laisseront-elles connaître, même plus tard, les détails de ce « plan génial dans

1. Dans l'*Invasion dans le nord de Seine-et-Marne*, Puisieux, p. 16, M. F. Lebert, le distingué bibliothécaire de la ville de Meaux, donnera l'extrait d'un ordre trouvé déchiré, en morceaux, sous un lit, dans une des chambres de la ferme de M. Victor Courtier, maire de Puisieux.

Cet ordre daté du 5 septembre, 1 h. 45 du matin, et signé du général comte de Schwerin, porte :

« I. Le IV° corps de réserve continue aujourd'hui la marche en avant et se charge au nord de la Marne de la couverture du front nord de Paris ; la 4° Division de Cavalerie lui sera adjointe.

« *Le II° corps d'armée pousse par... le bas du Grand-Morin au-dessous de Coulommiers et se dirige contre le front est de Paris.* »

sa conception, habilement préparé, qui cependant, n'en rencontra pas moins de grandes difficultés dans l'exécution »[1].

La destruction de l'armée ennemie avant tout, cette théorie, hier encore exacte, mais aujourd'hui erronée, le positivisme étroit et rigide des Allemands va la confondre avec le but suprême de la guerre : *Faire la paix en l'imposant*. Cette paix, on peut l'obtenir soit en détruisant l'armée ennemie, soit en produisant sur l'adversaire un effet de démoralisation tel qu'il renonce à la lutte. Quand Blücher, en 1814, répond à Scharwzenberg qui le supplie de marcher sur les armées de Napoléon : « Non, il vaut mieux aller à Paris. Quand on a Paris, on a la France », c'est Blücher qui a raison.

On peut donc se demander si l'ennemi n'aurait pas atteint plus sûrement son but

---

1. De fait, l'auteur de *Les Batailles de la Marne*, a vu cet ouvrage retiré de la circulation peu après son apparition, au commencement de 1916.

en poussant droit sur la capitale, « le centre de l'opinion, le dépôt de tout », disait Napoléon, et en y organisant, après y être entré, quartier par quartier, jusqu'à soumission complète, la destruction méthodique de la Ville, comme il s'en est vanté depuis.

Klück, lancé à la poursuite de l'armée britannique, a-t-il enfin, comme on l'a prétendu, ignoré la présence de la 6ᵉ armée dans le camp retranché[1]? Pas davantage. Depuis le combat de Proyart-Harbonnières, les avant-gardes de Klück ont eu chaque jour des engagements plus ou moins vifs avec les arrière-gardes de Maunoury et ont fait des prisonniers. Ses reconnaissances aériennes d'autre part l'ont certainement fixé sur la direction prise et la force des colonnes en retraite. Le 3 au soir encore,

---

1. « Le commandement supérieur allemand n'avait encore évidemment le 4 septembre aucune connaissance de la mise en ligne dans le secteur nord-est du camp retranché de Paris d'une nouvelle armée française, non plus que de la possibilité pour l'armée anglaise de combattre au sud-est de Paris, » H. Stegemann, p. 181.

la 6e armée, alertée, s'est déployée face au nord et cette manœuvre n'a pu lui échapper. Mais la marche triomphale qu'il fait depuis Bruxelles semble l'avoir grisé. La cruelle leçon reçue à Proyart ne lui a pas ouvert les yeux. Cette armée, il la dédaigne et puis, figé dans le cadre des théories, il la croit « attachée » au camp retranché, comme Bazaine à Metz.

« Je savais, aurait-il déclaré au cours d'une interview publiée en 1916, l'armée de Maunoury, telle que je la connaissais, *incapable de tenir le combat* et d'autre part, je ne pouvais m'écarter de ce principe — enseigné de tout temps, dans toutes les écoles militaires, — qu'un général commandant une place ou une enceinte fortifiée n'a pas le droit de prendre l'offensive, sinon contre un ennemi le menaçant de face. Sans doute n'existait-il qu'un seul général pour risquer, en méconnaissant ce principe, les plus graves responsabilités.... Mon malheur voulut que ce fût Galliéni. »

« J'ai joué de malheur, aurait-il ajouté. Sur cent gouverneurs, il n'y en avait pas un capable de faire ce qu'a fait Galliéni : jeter toutes ses forces disponibles à soixante kilomètres de sa place. C'était de la dernière imprudence. »

Klück a étudié à fond la campagne de 1870-71 ; il a tablé sur un retour de conjonctures analogues qui ne se sont pas présentées, oubliant que la guerre est un art continuel d'improvisation. Il croit avoir pris toutes les précautions en laissant une forte flanc-garde, le IVe corps de réserve, devant le camp retranché et il continue la poursuite parallèle de l'armée britannique, conformément aux meilleures doctrines de la guerre, pour tomber dans le flanc de l'adversaire dès que l'occasion s'en présentera.

Il semble qu'à ce moment Paris ait l'intuition que ses destinées et dix siècles de splendeur se jouent à la fois au dehors, dans les délibérations du Grand État-major allemand, et dans ses murs. Le 28 août déjà, le général Joffre a fait connaître au Gouvernement qu'il serait désireux de le voir quitter la capitale. L'opposition du président de la République et de M. Briand empêche que l'on s'arrête à cette détermination. Le général Galliéni, appelé au Conseil, explique que la défense du camp retranché n'a pas été organisée, qu'on manque de canons et de munitions. Néanmoins, il se déclare prêt à assumer la responsabilité de la résistance si l'on met de nouvelles troupes à sa disposition. On décide de demander au général Joffre de placer la 6ᵉ armée sous les ordres du Gouverneur.

Le 31 août, le recul continu de l'aile gauche française, la décision prise de poursuivre la retraite jusqu'à la Seine amènent le général en chef à faire une nouvelle démarche plus pressante. Il considère non sans raison, dira une note officieuse, la présence du Gouvernement comme étant de nature à gêner les opérations, en ajoutant des préoccupations d'ordre civil aux soucis de la défense militaire. Elle constitue de plus, à son sens, un surcroît d'excitation aux convoitises de l'ennemi. En d'autres termes, le général Joffre se refuse à lier le sort de l'armée au sort de la capitale. Au Conseil tenu à l'Élysée, le président de la République se montre nettement défavorable à cette demande et son attitude décidée entraîne beaucoup d'hésitants[1]. M. Millerand, qui a gardé le silence pendant la discussion, déclare qu'il n'a pas d'opinion personnelle mais que, se rangeant à l'avis du général en chef et du Gouverneur, il estime préférable que, pour fonctionner en toute sécurité, les services du ministère de la Guerre soient transférés hors Paris. Cette dernière considération

---

1. Le colonel Secrétan, dans la *Gazette de Lausanne*, a dit que M. Poincaré fut soutenu par MM. Briand, Delcassé, Doumergue, Malvy et Ribot. MM. Millerand et Augagneur se rangèrent à l'avis exprimé par le général Joffre..

fait pencher la majorité jusque-là indécise. Le départ est résolu.

C'est alors que la question se pose de déclarer Paris ville ouverte, de ne pas s'opposer par les armes à l'entrée des Allemands. Le général Galliéni, appelé de nouveau au Conseil, déclare, avec sa franchise habituelle, ne pouvoir consentir qu'à être et rester Gouverneur d'une place qui se défendra. Il ajoute que, pour livrer passage à l'ennemi, on n'a pas besoin de lui, et il se retire. La discussion se prolonge pendant deux heures, au cours desquelles M. Briand intervient fréquemment, détruisant un à un tous les arguments de ceux nombreux qui, s'inspirant des exemples de Visé, de Liége et de Dinant, préconisent la non-résistance. « Puisqu'il faut que nous quittions la capitale, déclare-t-il dans une péroraison brillante, nous ne partirons que si l'on nous donne l'assurance que l'on fera à Paris l'honneur de se battre pour lui jusqu'au dernier coup de canon. » On se résigne donc au départ mais la ville sera défendue, et c'est d'abord au général Galliéni que revient l'honneur d'une telle décision, si conforme à la noblesse et à l'héroïque attitude de Paris.

Pour en apprécier toute la gravité, il faut ajouter que le Conseil ne doutait pas du sort barbare réservé à la capitale. Il savait les projets de l'ennemi, la ville déjà divisée par lui en vingt secteurs, un secteur devant être détruit chaque jour jusqu'à ce qu'on ait accepté les conditions de paix que le kaiser entendait imposer. Le Grand Quartier Général allemand n'avait-il pas pris la peine d'informer l'ambassadeur des États-Unis, M. Myron Herrick, qu'il serait préférable pour lui de quitter son poste, de chercher en province un asile plus sûr ?

Cependant, le Gouverneur a conscience de la difficile mission qui lui est confiée. Il craint qu'on n'en ait pas compris toutes les conséquences et il a, le lendemain matin, avec le ministre de la Guerre, M. Millerand, un entretien émouvant, vrai page de Plutarque, et dont la teneur a été confirmée plus tard à la tribune de la Chambre[1].

— Monsieur le Ministre, je viens vous demander si je dois défendre Paris ?

— Général, vous devez défendre Paris énergiquement...

— Vous savez, monsieur le Ministre, ce que veulent dire ces mots : « défendre Paris ». Ce sont les ouvrages d'art sautés, des localités rasées ou incendiées, nos monuments, dont nous sommes si fiers, détruits.

— Vous devez défendre Paris à outrance, Général. Prenez toutes les initiatives, prenez toutes les responsabilités, je vous couvre !...

---

1. Ces explications furent fournies publiquement par le général Galliéni notamment au cours de la séance du mercredi 12 octobre 1915, lors d'une interpellation de M. Renaudel, au sujet de la démission de M. Delcassé puis, deux mois après, le 17 décembre.

Le général Galliéni se rend aussitôt aux Invalides où il a convoqué les chefs de service et les commandants de troupes. Il leur dit : « Messieurs, d'après les renseignements qui viennent de nous arriver, les premières colonnes allemandes seront devant Paris le 4 septembre. Nous avons l'ordre de défendre Paris à outrance. La Nation compte sur vous. Prenez toutes les initiatives, prenez toutes les responsabilités. Je ne veux pas avoir d'ordres à vous donner. »

Cette journée du 2 septembre, si lourde d'inquiétude, devait offrir aux Parisiens deux spectacles réconfortants. Ce fut d'abord, au début de l'après-midi, le départ des fusiliers marins, cantonnés au Grand-Palais, se rendant, par la rue de Miromesnil, à la porte de Flandre et de là, à Saint-Denis, escortés, sous la chaleur torride, par une foule enthousiaste.

Puis, après la venue de l'inévitable

l'aube auquel Paris tout entier, massé sur les places, les ponts, les quais, les « fortifs », fait l'accueil accoutumé, dans la soirée, à partir de 20 heures, la traversée de la Ville, de la porte d'Orléans à la Chapelle, de la division algérienne, concentrée depuis plusieurs jours dans la banlieue sud, et qu'un ordre du Gouverneur envoie au Bourget; les turcos et les zouaves, la poitrine barrée de médailles, défilant, six heures durant, leur ruban long de plus de dix kilomètres, dans une tempête d'acclamations, accablés de fleurs, de fruits, de cigares, d'accolades sans fin.

« Nous eûmes là, raconte un témoin, un réel contact avec le cœur de Paris; ouvriers des faubourgs, étudiants du boulevard Saint-Michel, habitants du boulevard du Palais, du boulevard de Sébastopol, du boulevard de Strasbourg. Les cris de « Vive la France ! — Vivent les Zouaves ! — La tête à Guillaume ! — Bonne santé ! — Revenez bientôt! » ne cessaient de retentir. Les femmes embrassaient les zouaves; elles tendaient leurs enfants aux officiers, comme on demande la bénédiction à un évêque. On mettait des fleurs aux harnachements des chevaux. Pas un zouave n'était ivre. Tous avaient conscience qu'il fallait garder ses forces. Un bourgeois, soulevant son chapeau, cria : « Avec des hommes comme ça, j'ai confiance. »[1]

Beaucoup d'entre eux devaient s'endormir quelques jours plus tard sur le plateau qui domine Barcy et Chambry avec ce sourire de Paris venant illuminer leurs derniers moments.

Dans la nuit, le Gouvernement partait pour Bordeaux. D'autres trains spéciaux emportaient pour le Midi, à Toulouse, les chefs-d'œuvre du Louvre, la *Vierge aux Rochers* et la *Joconde* de Vinci, la *Prairie* de Paul Potter, la *Raie* de Chardin, l'*Assemblée dans un parc* et le *Gilles* de Watteau, la *Vénus de Milo*, ceux du Petit Palais et de Carnavalet, les plus beaux

1. *Journal de Genève.* Lettre de Paris.

modèles de Sèvres et des Gobelins, les
diamants de la couronne[1]. Puis, les jours
suivants, on procède de nuit au déménage-
ment des archives des Ministères, à la
réserve de la Banque de France et des
autres établissements de crédit. Trois trains
spéciaux emmènent les membres du Parle-
ment et leur famille, un autre, les repré-
sentants des puissances alliées ou neutres[2].

1. M. Dalimier a raconté lui-même les circonstances du
sauvetage précipité des diamants.

« Je ne voulais laisser à personne, a-t-il déclaré, le soin
de les emporter et de les mettre en lieu sûr. M. Henri
Marcel est allé dans un magasin voisin du musée acheter
un méchant sac en cuir jaune du prix de 9 fr. 50. Dans ce
sac, sur un lit d'ouate, nous déposâmes les joyaux, puis,
nous quittâmes le Louvre pour gagner la gare...

La nuit commençait à tomber. Craignant d'être suivis
par quelque malandrin en quête d'un mauvais coup, redou-
tant d'être à chaque instant renversés ou écrasés par
quelque voiture, nous allions d'un pas rapide, mon chef de
Cabinet nous précédant et regardant à droite et à gauche...
Ni mon compagnon, ni moi, n'avons dormi cette nuit-là. »

2. Quelques parlementaires gardent encore dans leurs
archives une lettre de M. Thomson, ministre du Commerce,
apportée à domicile par estafette dans la soirée du 2, les
avisant que deux trains seraient mis à leur disposition le
lendemain jeudi, qui partiraient à 18 h. 13 et à 18 h. 33,
de la gare du quai d'Orsay. Un troisième train, à destina-
tion de Marseille, quittant la gare du P.-L.-M. à 12 h. 45,
devait leur être également réservé.

M. Herrick, le ministre américain, en délicat et fidèle ami de Paris, préfère rester, acceptant même la difficile mission de se présenter à l'ennemi, au cas où il entrerait dans la capitale, en négociateur extraordinaire.

Le lendemain, les Parisiens peuvent lire dans les journaux ou sur les murs le texte de deux proclamations bien différentes, la première, celle du Gouvernement, adressée au Pays, signée du président de la République et de tous les ministres :

« Français, dit-elle.

« Depuis plusieurs semaines, des combats acharnés mettent aux prises nos troupes héroïques et l'armée ennemie. La vaillance de nos soldats leur a valu, sur plusieurs points, des avantages marqués. Mais, au nord, la poussée des forces allemandes nous a contraints à nous replier.

« Cette situation impose au président de la République et au Gouvernement une décision douloureuse. Pour veiller au salut national, les pouvoirs publics ont le devoir de s'éloigner, pour l'instant, de la ville de Paris.

« Sous le commandement d'un chef éminent,

une armée française, pleine de courage et d'entrain, défendra contre l'envahisseur la capitale et sa patriotique population...

.   .   .   .

« Le Gouvernement ne quitte Paris qu'après avoir assuré la défense de la ville et du camp retranché par tous les moyens en son pouvoir.

« Il sait qu'il n'a pas besoin de recommander à l'admirable population parisienne le calme, la résolution et le sang-froid. Elle montre, tous les jours, qu'elle est à la hauteur des plus grands devoirs.

« Français,

« Soyons tous dignes de ces tragiques circonstances. Nous obtiendrons la victoire finale. Nous l'obtiendrons par la volonté inlassable, par l'endurance et par la ténacité.

« Une nation qui ne veut pas périr et qui, pour vivre, ne recule ni devant la souffrance, ni devant le sacrifice, est sûre de vaincre. »

Faut-il le dire, l'admirable population parisienne n'est pas satisfaite. Elle reproche surtout au Gouvernement d'avoir douté de ses sentiments. Ce n'est pas dans la nuit qu'un tel départ aurait dû s'effectuer, comme si on avait honte, mais en plein midi, ainsi que le désirait M. Poincaré, et seulement après l'avoir annoncé en quelques phrases très simples. Mais, comme le dit un Parisien spirituel, il est plus facile de ciseler des phrases que de forger des mots.

En face, se détache lumineux, le texte solide et clair du Gouverneur qui tient en dix lignes :

> Armée de Paris,
> Habitants de Paris,
>
> « Les Membres du Gouvernement de la République ont quitté Paris pour donner une impulsion nouvelle à la défense nationale.
>
> « J'ai reçu le mandat de défendre Paris contre l'envahisseur.
>
> « Ce mandat, je le remplirai jusqu'au bout. »

Aucune littérature ne vaut pour les Parisiens ces trois phrases solides. C'est celle d'un homme d'action, la seule qu'ils aient à entendre en ce moment. Après avoir lu sans émotion la proclamation du Gouvernement, ils avaient la sensation d'être aban-

GOUVERNEMENT MILITAIRE DE PARIS

Armée de Paris,
Habitants de Paris,

Les Membres du Gouvernement de la République ont quitté Paris pour donner une impulsion nouvelle à la défense nationale.

J'ai reçu le mandat de défendre Paris contre l'envahisseur.

Ce mandat, je le remplirai jusqu'au bout.

Paris, le 3 Septembre 1914

Le Gouverneur Militaire de Paris,
Commandant l'Armée de Paris,

GALLIÉNI

donnés, séparés du monde. L'appel si franc de Galliéni leur va droit au cœur. Ils comprennent qu'ils sont protégés, qu'ils seront défendus et, comme lui, ils iront jusqu'au bout[1].

Le soir même et le lendemain matin, les habitants de la capitale apprennent coup sur coup que les Allemands sont à Compiègne, que la plupart des journaux, et ils sont d'ordinaire bien renseignés, suivent le Gouvernement, enfin que les mairies distribuent à ceux qui veulent quitter la ville des billets gratuits ou à des prix extrêmement réduits. Des bruits de trahison, de massacre et de famine, jaillis d'une source mystérieuse, circulent avec une incroyable rapidité. Des rassemblements se forment au bord des trottoirs. Des gens louches,

---

1. Le « Jusqu'au bout » du Gouverneur va se perpétuer sous une forme populaire et touchante qui aura cours encore longtemps après. Dans les autobus et tramways de la capitale, les voyageurs, allant au terminus de la ligne, ne diront pas « Jusqu'au bout » mais « comme Galliéni ».

venus on ne sait d'où, s'approchent des groupes, y lancent leurs fausses nouvelles en même temps que les aviateurs allemands leurs bombes sur la ville, puis disparaissent, laissant l'auditoire les commenter, les amplifier et les propager. Quel est le Parisien qui, dans ces journées, n'a pas entendu parler des panneaux de publicité de la maison Maggi sur l'envers desquels des espions ont tracé le plan des quartiers de la ville avec toutes les indications utiles à l'ennemi; de généraux enfermés au Cherche-Midi, l'un fusillé, l'autre qui se serait suicidé; de Klück, à bout de souffle, qui aurait manifesté l'intention de se rendre mais sous certaines conditions que notre Grand État-major aurait repoussées ? Ceux qui croient trouver dans les communiqués le reflet de ce bruit sensationnel s'irritent de n'y lire que des formules dont l'imprécision les déroute : « Nous avons légèrement progressé sur quelques points. Sur d'autres, la situation est inchangée. » L'exaltation qui s'empare de la foule et qui ne repose malheureusement sur nulle réalité, prend de telles proportions que le général Galliéni met les choses au point dans une note énergique où il menace de poursuites judiciaires tout propagateur de fausses nouvelles.

Mais celles-ci n'en ont pas moins produit leur effet. Pendant quelques jours, c'est une ruée vers les gares. La foule se précipite sur les portes donnant accès aux quais, prend d'assaut, après des bagarres brutales, les premiers trains mis, à partir du 5, à la disposition du public. Ceux qui n'ont pu trouver de place, repoussés par les agents et les soldats, prennent position sur les trottoirs, dans les cours ; certains, pour ne pas perdre leur tour, passent la nuit dehors, assis sur leurs bagages. Depuis le 1er, aux barrières, s'accumulent des centaines de voitures de toutes sortes, chargées de malles et de paquets[1]. Des gens donnent trois mille francs et plus pour la location de taxis-autos qui doivent les conduire, n'importe où, loin de Paris. La course pour Orléans est tarifée de mille à douze cents francs.

Certes, un grand nombre d'habitants ont eu raison de partir. Avec l'imminence d'un siège, il valait mieux que les non-combattants, surtout les femmes et les enfants, s'éloignent, mais la plupart le firent avec un affolement exagéré. Il faut cependant dire, à la louange de la capitale, que ce sont surtout les étrangers qui montrèrent le plus de précipitation. Les Parisiens de Paris, estimant que leur place était dans la ville, restèrent.

---

1. Un officier de la division Drude, qui fait le 2 au matin une promenade à cheval sur la grande route de Paris à Orléans, notera dans *D'Oran à Arras* : « Les voitures de toutes dimensions, de tous ordres, grandes ou petites, somptueuses ou misérables, à traction automobile, animale, voire même humaine, toutes surchargées à l'excès, s'y succédaient sans interruption, l'une derrière l'autre... »

Cependant, dans la journée du 3, devant le front de la 6e armée, un événement important se produit. Le colonel Bourdeaux, chef du service des renseignements du gouvernement militaire, qui a, dès la veille au soir, relevé de nombreux indices d'un changement de direction dans la marche des colonnes allemandes, confirme que ces colonnes qui, jusqu'à présent, s'avançaient sur Paris, infléchissent leur marche vers le sud-est et semblent vouloir éviter le camp retranché. De Crépy-en-Valois, elles glissent dans la direction de Meaux[1]. Des aviateurs de l'escadrille du Bourget, les capi-

---

1. Le capitaine de Naurois, qui commande l'escadron divisionnaire attaché à la 56e division, écrit à la date du 3 septembre :

« Avec Lescure, je prends les devants et nous montons dans le clocher de l'église de Dammartin. De là, nous signalons de fortes colonnes ennemies se dirigeant vers le sud-est et prenant la route de Meaux, évitant ainsi les hauteurs de Dammartin. Notre observatoire était merveilleux. Nous avons vu que Senlis brûlait, mais j'avoue que nous ne comprenions rien au mouvement exécuté par l'ennemi. Nous nous sommes bornés, heure par heure, à le signaler. Le commandement devait en tirer les conclusions. »

taines Bellanger et Mongin-Devarennes, qui viennent de survoler la région nord-est, confirment que, vers Etrépilly, des troupes de toutes armes se dirigent vers le sud-est et que d'autres passent déjà la Marne, dans la direction de Trilport.

Dès 12 heures, le général Galliéni fait connaître que « *d'une manière générale, les forces allemandes qui se trouvent en face de la 6° armée, paraissent s'être orientées vers le sud-est. De notre côté, la 6ᵉ armée s'est établie au nord-ouest du camp retranché, sur le front Mareil-en-France, Dammartin-Montgé ; l'armée anglaise est dans la région au sud de la Marne et du Petit-Morin, de Courtevrautl (ouest) jusqu'au delà de la Ferté-sous-Jouarre (est)* ».

Une nouvelle note, à 15 heures, précise encore ces indications :

« *L'ennemi, poursuivant son large mouvement de conversion, continue de laisser le camp retranché de Paris sur sa droite et de marcher dans la direction du sud-est.* »

Le Gouverneur a été frappé des informations qui lui ont été fournies. Un plan d'attaque s'impose à lui, immédiatement. La Ire armée allemande n'a dû laisser sur l'Ourcq qu'une flanc-garde plus ou moins nombreuse jusqu'à l'écoulement complet de ses colonnes. Marcher le plus tôt possible droit à cette flanc-garde, la refouler, se jeter sur les derrières de l'ennemi, peut-être l'envelopper; en tout cas, profiter de toutes les chances qu'accumule contre lui cette situation aventurée, tel est le plan qui sort d'un entretien de quelques minutes que le général Galliéni a avec ses collaborateurs, le général Clergerie, son chef d'État-major et le colonel Girodon et qui a pour conclusion : « S'ils ne viennent pas à nous, nous irons à eux avec tout ce qu'il sera possible d'y mettre. » Dans la soirée, il met par téléphone le général en chef au courant de la situation.

La journée du 4 va être consacrée par le
Gouverneur à la préparation et à la mise au
point de la manœuvre qu'il a conçue la
veille. Il a convoqué d'urgence le général
Maunoury, boulevard des Invalides, au lycée
Victor-Dury, siège du gouvernement militaire. Celui-ci arrive à 10 heures. Au cours
d'une longue conférence, le plan d'opérations est arrêté dans tous ses détails. Les
deux chefs déjeunent ensemble puis, à
12 heures, se rendent à Melun, au quartier-général britannique, pour conférer avec
le maréchal French. Ils ne l'y rencontrent
pas. Le maréchal vient, en effet, de donner
de nouveaux ordres qui reportent ses différents corps sur le front forêt d'Armainvil-
liers-Tournan. Il a même envisagé, dans le
cas où la gauche de la 5° armée serait trop
fortement rejetée vers l'est ou si l'avance
allemande devenait trop prononcée, un nouveau recul sur la rive gauche de la Seine, en
tenant Corbeil à gauche et Melun à droite.

Le général Galliéni expose son projet au général Wilson, chef d'État-major, mais revient sans avoir pu obtenir de réponse précise. Il ne se décourage pas. Dès qu'il est de retour, il a, avec le général Joffre, dans le courant de l'après-midi, plusieurs conversations téléphoniques. Le général en chef, placé au centre du dispositif de retraite, n'a pu observer lui-même le glissement que lui signale le Gouverneur. Tout d'abord, il hésite. Son intention est de poursuivre le repli général, de prendre une position défensive derrière la Seine et même, si cela est nécessaire, sur le plateau du Morvan, de ne livrer enfin bataille que lorsque les renforts qu'il attend seront arrivés. Mais, dans une seconde conversation, le Gouverneur, qui joint à la froideur du tacticien le coup d'œil du stratège, insiste. Il redoute que, l'intervention de la 6e armée se faisant sentir trop tardivement, l'ennemi n'ait le temps de se jeter sur l'armée britannique et la gauche de la 5ᵉ armée et de les écraser. Alors, libre de ses mouvements, il pourra se retourner contre la 6ᵉ armée et Paris.

Le général en chef, avant de prendre une décision, fait demander au maréchal French et au général Franchet d'Espérey, qui a pris, depuis la veille, le commandement de la 5ᵉ armée, s'ils sont en mesure d'attaquer. Sur leur réponse affirmative, il autorise le Gouverneur à porter l'armée Maunoury à la hauteur de Meaux, en se maintenant sur la rive droite de la Marne. La reprise de l'offensive est décidée.

Le soir même, à 20 heures 30, toutes les dispositions du général Galliéni sont prises. Elles s'expriment dans l'ordre général n° 3, admirable modèle de clarté :

1° Tous les renseignements concordent à démontrer que les gros de la Iʳᵉ armée allemande, qui faisaient face jusqu'ici à la 6ᵉ armée, se sont orientés vers le sud-est.

Des colonnes importantes ont été signalées hier soir, se dirigeant sur la Marne pour la franchir entre la Ferté-sous-Jouarre et Château-Thierry. Ce mouvement paraît nettement dirigé contre la droite anglaise et la gauche de la 5e armée française. Une colonne, qui paraît constituer la droite allemande, était aujourd'hui en marche de Nanteuil-le-Haudouin sur Meaux et Lizy-sur-Ourcq.

Dans ces conditions, Paris cessant d'être menacé, toutes les forces mobiles de l'armée de Paris doivent manœuvrer de manière à conserver le contact avec l'armée allemande et à la suivre pour se tenir prêtes à participer à la bataille à prévoir.

L'armée anglaise a fait connaître qu'elle se préparait à agir dans le même sens.

2° La 6e armée poussera des reconnaissances de cavalerie dans les directions de Chantilly, Senlis, Nanteuil-le-Haudouin, Meaux et Lizy-sur-Ourcq. Des dispositions sont prises pour renforcer la cavalerie de la 6ᵉ armée de tous les éléments disponibles.

3° Demain, la 6° armée se mettra en mouvement dans la direction de l'est en se maintenant sur la rive droite (nord) de la Marne, de manière à amener son front à la hauteur de Meaux et à être prête à attaquer le 6 au matin en liaison avec l'armée anglaise qui attaquera sur le front Coulommiers-Changis.

Une heure après, à 21 h. 45, le quartier général britannique télégraphie au Gouverneur pour lui confirmer que, conformément aux vues échangées dans l'entretien de l'après-midi, des ordres ont été donnés pour que l'armée, au lieu de continuer la retraite au sud de la Seine, selon le plan de la veille, passe le lendemain à l'offensive, en partant de la ligne Ormeaux-Tournan-Ozoir.

De son côté, le Grand Quartier Général

adresse, à peu près au même moment, par message téléphoné, parvenu au gouvernement militaire à 22 heures, l'ordre suivant :

1° *Il convient de profiter de la situation aventurée de la Ire armée allemande pour concentrer sur elle les efforts des armées alliées d'extrême-gauche.*

Toutes dispositions seront prises dans la journée du 5 septembre en vue de partir à l'attaque le 6 ;

2° *Le dispositif à réaliser pour le 5 septembre au soir sera :*

a. Toutes les forces disponibles de la 6° armée (général Maunoury) au nord-est, prêtes à franchir l'Ourcq, entre Lizy-sur-Ourcq et May-en-Multien, en direction générale de Château-Thierry. Les éléments disponibles du 1er corps de cavalerie (général Sordet) qui sont à proximité, seront remis aux ordres du général Maunoury pour cette opération ;

b. L'armée anglaise, établie sur le front

Changis-Coulommiers, face à l'est, prête à attaquer en direction générale de Montmirail ;

c. La 5ᵉ armée (général Franchet d'Espérey) resserrant légèrement sur la gauche, s'établira sur le front général Courtaçon-Esternay-Sézanne, prête à attaquer en direction générale sud-nord, le 2ᵉ corps de cavalerie (général Conneau) assurant la liaison entre l'armée anglaise et la 5ᵉ armée ;

d. La 9ᵉ armée (général Foch) couvrira la droite de la 5ᵉ armée en tenant les débouchés sud des marais de Saint-Gond et en portant une partie de ses forces sur le plateau au nord de Sézanne.

3° L'offensive sera prise par ces différentes armées dès le matin.

Enfin, à 23 h. 5o, un nouveau message téléphoné du Grand Quartier Général informe les commandants des 5ᵉ et 6ᵉ armées et de l'armée britannique qu'il sera transféré, le lendemain 5 septembre, à 18 heures, de Bar-sur-Aube à Châtillon-sur-Seine. Il fait ainsi un bond en avant de cinquante kilomètres et la bataille de la Seine devient la bataille de la Marne.

Depuis la veille, les troupes se concentrent ou achèvent de gagner leurs emplacements. Mais elles sont harassées. Vers 3 heures du matin, à la sortie de Luzarches, des régiments entiers sont couchés sur la bordure des trottoirs, à même la terre, épuisés. « Cependant sur la route nationale qui mène à Senlis, écrit Victor Boudon, les régiments de la 14ᵉ division d'active, venant de Paris, défilent au pas cadencé comme à la parade et ce spectacle, après la retraite démoralisante, réconforte tout le monde [1]. » La dernière marche de la 56ᵉ division, le matin du 3, bien que pénible, n'en révèle pas moins chez tous, officiers et soldats, un état d'esprit excellent. C'est à un corps de

---

1. *Avec Charles Péguy. De la Lorraine à la Marne.*

cette division, le 66e bataillon de chasseurs à pied, qu'appartient le capitaine Cordier qui refuse de se séparer de sa troupe, malgré une entorse au genou « parce que, dit-il, quand on a Paris à vingt-cinq kilomètres dans le dos et qu'on est officier d'active, on n'a plus qu'à mourir avec ses hommes »[1].

Depuis la veille d'ailleurs, les reconnaissances de cavalerie signalent la présence de l'ennemi. Vers 18 heures, les premiers uhlans apparaissent à Douy-la-Ramée, venant de Fosse-Martin. Le 3 au matin, d'autres sont vus près du bois de Romont, à l'entrée du chemin qui mène à Champ-Fleury. Dans la matinée du 4, à Saint-Soupplets, un poste de dragons français, installé à l'hôtel de la Belle-Idée, est prévenu de la

---

1. Ses intimes appelleront le capitaine Cordier « le grand » et diront combien il aimait ses hommes, souffrant avec eux, ne prenant de repos que lorsqu'ils étaient pourvus de tout, chantant comme eux pendant les marches et portant le sac des plus fatigués. Le capitaine Cordier, nommé le 2 novembre, comme chef de bataillon au 355e, devait tomber le 27 septembre 1915, à la côte de Souain.

présence dans une maison de la localité de quatre cyclistes. Conduits par un civil, un brigadier et deux dragons font irruption dans la pièce où se sont réfugiés les Allemands, essuient plusieurs coups de revolver qui les manquent et tuent les cyclistes.

On sent que les deux armées se cherchent et que la bataille est proche.

III

LA JOURNÉE DU 5 SEPTEMBRE

De la région nord de Mesnil-Amelot, où bivouaque le gros de la 55ᵉ division qui couvre le front est du camp retranché, à Lizy-sur-Ourcq, par Thieux, Juilly et Monthyon, il y a un peu plus de trente kilomètres. Pour que la 6ᵉ armée soit prête à franchir la rivière le 5 au soir ou le 6 au matin, ainsi que le prescrivent les ordres du général en chef, il lui faut se rapprocher de son objectif. C'est pourquoi le Gouverneur demande au général Maunoury de se porter en avant le 5 au matin.

Le terrain sur lequel va s'engager la 6ᵉ armée et qui, en ces premiers jours de septembre, se montre couvert de meules

de blé rondes, de bottes d'avoine et de
robustes plants de betteraves, appartient
au plateau briard. Il est compris dans les
limites d'un trapèze dont le sommet va
d'Ormoy-le-Villers à Mareuil-sur-Ourcq et
la base de Dammartin à Meaux ; les deux
côtés sont formés, à gauche, par la voie
ferrée de Paris à Crépy-en-Valois, à droite,
par la route de Meaux à La Ferté-Milon.
Le sommet et la base mesurent environ
vingt kilomètres, les côtés vingt-cinq kilomètres, soit une surface d'à peu près cinq
cents kilomètres. Au milieu des cultures,
se dressent les gros villages de Chambry, de
Barcy et d'Étrépilly. Quatre ruisseaux traversent ce terrain diagonalement, du nord-
ouest au sud-est. Les deux premiers, la
Grivette, qui arrose Betz et Antilly, la Gergogne traversant le Multien, se jettent dans
l'Ourcq ; les deux autres, la Thérouane,
qui passe à Étrépilly et à Gué à Tresmes,
le rû de Rutel, auquel se joint le rû de la

Sorcière, laissant sur sa rive droite Iverny, sur sa rive gauche Monthyon et Neufmontiers, se jettent dans la Marne, le premier près de Congis, le second près de Villenoy.

Ce trapèze constitue un terrain de manœuvre difficile, à cause des croupes et des fonds qui s'y trouvent nombreux. L'ennemi l'a judicieusement choisi et pour sa résistance va en tirer un excellent parti.

La 6° armée, l'armée de Paris, qui va s'y engager, a été, depuis sa formation, successivement renforcée de nouveaux éléments. Établie dans la région nord-est du camp retranché, sur le front Mareil-en-France, Dammartin, Montgé, elle comprend à cette date :

Le 5° groupe de divisions de réserve sous les ordres du général de Lamaze, formé de la 55° division de réserve (général Leguay) et de la 56° division (général de Dartein) qui, l'une et l'autre, assez éprouvées en Lorraine, à la bataille d'Étain, ont été transportées dans la région de Montdidier d'où elles se sont portées, après les combats du 3o août, jusqu'aux environs de Dammartin. A ce groupe est rattachée la brigade marocaine du général Ditte ;

Le groupe Vautier, comprenant la 14° division du 7ᵉ corps (général de Villaret) et la 63ᵉ division de réserve (général Lombard) remplaçant la 13° division laissée sur les Vosges ;

La brigade de cavalerie Gillet, formée à Paris et dont les pelotons de couverture patrouillent à ce moment dans les bois de Montgé, de Cuisy et de Saint-Soupplets ;

Trois groupes de batteries, dites de sortie, du 37° d'artillerie, sous les ordres du lieutenant-colonel Bunoust ;

Une compagnie du génie et un équipage de pont, constitués avec les éléments des dépôts restés à Versailles.

L'ordre du 4 septembre la renforce de la 45ᵉ division (général Drude) venant d'Algérie, stationnée d'abord dans la banlieue sud de Paris vers Bourg-la-Reine et qui a, depuis le 4, son quartier général aux Lilas ; puis du 4° corps d'armée (général Boëlle) qui doit se tenir prêt à suivre le mouvement de la 6° armée, au fur et à mesure que chaque division aura débarqué en totalité [1].

D'autre part, le groupe Ebener, composé de la 61° division (général Deprez) et de la 62° division (général Ganneval), qui est dans la région ouest de Pontoise, va être amené dans l'intérieur du camp retranché. La 61° division doit avoir° atteint, le 6, la région du Mesnil-Amelot, la 62° passant en réserve générale.

Enfin, de la banlieue ouest de Versailles où il se trouve, le 1er corps de cavalerie (général Sordet) fort sur le papier de trois

---

[1]. Du 4° corps, la 7° division seule, qui commence ses débarquements le 3 dans la région de Noisy-le-Sec, viendra renforcer la 6° armée ; la 8° va être mise, le 6, à la disposition du maréchal French pour appuyer la gauche de l'armée britannique.

divisions, mais en réalité très éprouvé par sa longue randonnée en Belgique et pendant la retraite, sera lancé, le 7, en pleine bataille, après une marche de près de cent kilomètres, pour tenter l'enveloppement de la droite ennemie.

C'est une masse de manœuvre d'environ cinquante mille hommes qui est mise à la disposition du Gouverneur. Mais, à part la division Drude qui n'a pas encore combattu, toutes les autres unités ont été très éprouvées en Alsace, en Lorraine, en Belgique et pendant la retraite. Hommes et chevaux sont épuisés[1].

Selon les ordres reçus, le 5e groupe de divisions de réserve se porte en avant, à

1. « Je fis, dira le général Maunoury, dans une interview accordée en septembre 1917 à M. de Maizières, du *Petit Parisien*, donner à mes troupes ce seul ordre : « Assez reculé comme cela. Demi-tour et en avant. » Cet ordre, qui était pourtant d'une grande simplicité, eut un effet magique. Les mêmes hommes qui, la veille, se traînaient sur les routes, épuisés et sombres, furent pris soudain d'une ardeur joyeuse à l'approche du combat. »

partir de 7 heures ; il doit atteindre, si possible, la ligne Saint-Soupplets, Monthyon, Penchard. De tous les cantonnements à l'ouest de la Biberonne, de Vémars, du Mesnil-Amelot, le groupe arrive vers dix heures à Thieux, où le général de Lamaze, à l'entre-croisement d'une route, regarde défiler les régiments, puis, se partage au sortir du village. La division Dartein prend la direction de Saint-Soupplets par Juilly et Montgé ; la division Leguay, en deux colonnes, se dirige vers Monthyon et Villeroy, par Nantouillet et Plessis-aux-Bois ; la brigade Ditte, sur Neufmontiers et Penchard par Charny. A l'aile droite, la brigade Gillet se porte sur la route de Paris à Meaux. Partout, le contact est pris avec des patrouilles ennemies, cavaliers et cyclistes, qui se dérobent. En avant de Villeroy, des éclaireurs du 276ᵉ se trouvent tout à coup face à face avec des chasseurs prussiens. Français et Allemands s'arrêtent, surpris, font demi-tour et regagnent leurs lignes.

Vers 12 heures, la 110ᵉ brigade, de la division Leguay, est arrêtée depuis quelques instants en arrière de la ligne Iverny-Villeroy, tant à cause de la chaleur qui est étouffante que dans l'attente de renseignements. On fait la grande halte. Dans Iverny, un bataillon du 246ᵉ prépare le café. Une batterie du 45ᵉ régiment d'artillerie traverse le village, se dirigeant vers le Plessis-aux-Bois où elle va cantonner. Elle a à peine débouché que les premiers obus allemands, tirés de Monthyon, viennent éclater sur la première pièce et les maisons situées au nord de la route. Les distances ont dû être repérées car les obus tombent en pleine batterie sur les chevaux qu'ils éventrent. Un capitaine a la tête emportée, des hommes vident les étriers, troués par les éclats. En même temps, des shrapnells, denses et précis, s'abattent sur le front des régiments.

« Une heure après, à midi précis, écrit Victor Boudon, le bataillon (le 5ᵉ du 276ᵉ) arrive dans un petit sentier bordé d'arbustes, près de la ferme de la Trace, en face du petit village de Villeroy, où nous devons faire la soupe désirée avec impatience et cantonner, quand, tout à coup, brusquement, autour de nous, dans de longs ronronnements annonciateurs, viennent exploser des obus allemands. « Ils nous servent l'apéritif », s'écrient quelques-uns. Ces premiers projectiles, éclatant dans la splendeur d'une belle journée ensoleillée, frappent comme le lever de rideau de la grande pièce tragique[1]. »

Les troupes prennent rapidement la formation de combat et avancent maintenant en lignes de sections par quatre en même temps que deux groupes du 13ᵉ et du 45ᵉ d'artillerie se mettent en position vers

____

1. *Avec Charles Péguy. De la Lorraine à la Marne*, par Victor Boudon.

Plessis-l'Évêque et au pied de la Baste, en avant de la ferme de la Trace, et engagent la lutte avec les batteries ennemies, installées sur le revers ouest de Monthyon, répondant coup pour coup. Nos soldats, en pénétrant le lendemain dans le village, pourront juger des effets de ce duel qui se termine à 17 heures par le silence des pièces adverses. L'adjudant Desmaisons, du 289e, verra, derrière la ferme L'Hôpital, près d'une petite mare, des caissons culbutés et une vingtaine de chevaux tués, entassés les uns par-dessus les autres. Quelques instants plus tard, le général Leguay remarquera les restes d'une batterie au milieu desquels gisent, pêle-mêle, les morts et les blessés. Il y a notamment un amoncellement de quatre corps, placés en croix, les uns sur les autres, deux par deux et au-dessus, un officier qui râle et succombe dès qu'on veut le soulever.

A droite, vers Neufmontiers, le combat

est engagé depuis quatorze heures. L'artillerie prépare l'attaque de la brigade de chasseurs indigènes. Repérée par un avion allemand, elle est violemment contre-battue; un fusant s'abat entre deux pièces et atteint le capitaine Denis avec dix-sept de ses hommes. D'autres viennent tomber devant le front des deux régiments qui se déploient au sud de la route Villeroy-Neufmontiers avec, comme objectifs, Penchard et la hauteur boisée du Télégraphe (cote 164).

Tandis que les deux bataillons du 2ᵉ régiment et le commandant Poëymirau traversent Neufmontiers, le 5ᵉ bataillon (capitaine Richard d'Ivry) franchit le rû de Rutel, contourne le village par le sud pour se rabattre sur le bois du Télégraphe; deux autres bataillons du 1ᵉʳ régiment, avec le commandant Auroux [1], se déploient à gauche du

---

1. Depuis Senlis, le commandant Auroux a remplacé, à la tête du 1ᵉʳ régiment, le lieutenant-colonel Touchard, malade.

2ᵉ régiment, le bataillon Pellegrin en première ligne, poussant jusqu'à la route Neufmontiers-Iverny et se retranchant derrière son talus.

Les chasseurs jaunes et enturbannés du capitaine d'Ivry, qui « bourrent », ont rapidement dépassé la route qui mène à Penchard et, malgré le tir de l'artillerie et des mitrailleuses démasquées au dernier moment, pénètrent dans le bois aux sons aigres et singuliers de la *nouba*, franchissent les tranchées, clouent leurs défenseurs à la baïonnette. Un chasseur, Chergui Ben Lahoussine se lance sur une « maxim », transperce de son arme un officier allemand qui l'ajuste avec son revolver et s'écroule frappé de deux blessures. Le caporal Vidal, atteint aux deux mains dès le début de l'action, continue à se battre. Blessé une troisième fois au bras, il doit être emmené de force. Plus loin, le capitaine Hugot-Derville, la jambe brisée, continue, à genoux, à entraîner ses hommes et tombe frappé de plusieurs coups. Emportés par leur élan, les Marocains, que les Allemands n'appelleront plus désormais « que les hirondelles de la mort », atteignent le village [1]. Se glissant comme des tigres dans les vergers, dans les potagers, se dissimulant derrière chaque touffe d'arbres et, de là, bondissant de toute la détente de leurs muscles sur l'adversaire lourd et massif, les chasseurs font avec leur baïonnette, leur coutelas ou leurs dents un terrible ouvrage.

Une heure durant, on s'entr'égorge dans les jardins. Une des compagnies est même parvenue jusqu'aux pièces ennemies et

[1]. On confond souvent les troupes marocaines composées d'indigènes marocains recrutés au Maroc et les troupes de la division du Maroc, formées d'éléments du corps d'occupation (tirailleurs algériens et tunisiens, zouaves, infanterie coloniale, légion étrangère). Les premières, celles dont il s'agit ici, sont constituées d'éléments restés fidèles de l'ancienne armée régulière chérifienne. Arrivées au camp de Châlons, le 21 août, elles formèrent une brigade spéciale sous les ordres du général Ditte, portant le nom de brigade de chasseurs indigènes.

fusille les attelages des caissons [1]. On peut croire un instant le succès acquis. Mais les Allemands reçoivent des renforts amenés en hâte en automobiles et jetés dans la mêlée. Des feux de flanc déciment les Marocains qui doivent évacuer le bois. De partout, ils refluent en désordre. Entre les deux régiments, un trou s'est produit. Le 5ᵉ bataillon est appelé à le boucher. Le capitaine d'Ivry rassemble ses hommes, pour les lancer en avant. Il a à peine fait quelques pas qu'il tombe mortellement atteint, le sergent Coillot, qui se porte à son secours, est frappé de plusieurs balles. Le 1ᵉʳ régiment doit, de son côté, faire face à une violente attaque partie du bois du Télégraphe. Les chasseurs indigènes se replient sur Neufmontiers dont la lisière est garnie rapidement d'éléments de réserve. Pour

1. Causerie faite par M. le capitaine Bézert, à l'inauguration du Foyer du Soldat Marocain d'Arles, le 9 juillet 1916, reproduite dans le *Bulletin du Comité de l'Afrique française* (avril 1917).

dégager les abords du village que l'ennemi cherche à déborder, le lieutenant Sigolet avec son peloton, contre-attaque vigoureusement, il roule à terre, atteint d'une balle à la tête. Un Marocain hisse sur son cheval le lieutenant Laurent qui vient d'être également frappé.

La brigade, qui a vu tomber en quelques instants les capitaines Berthillier, Fernet, de Sartiges, les lieutenants Guillemette, de Sainte-Croix[1], les sous-lieutenants Gauthier, Marty, Poyelle, les adjudants Chartrain et Huchet, se replie sur Villeroy et Charny pendant que deux escadrons de la brigade Gillet, les hommes en position de combat à pied, avec leurs mitrailleuses, viennent la remplacer sur la ligne de feu. Il est près de 16 heures.

Sur la route, les blessés font un long

---

1. Le lieutenant de Laulanié de Sainte-Croix, transporté d'abord dans l'église de Neufmoutiers où se trouve l'ambulance, puis le 6, à Paris, dans l'auto du général Ditte, devait mourir en y arrivant.

défilé. Il y en a dont les culottes bouffantes
de toile kaki sont rouges et ruissellent
comme si on les avait plongées dans un bain
de sang. Cependant, leur entrain n'en reste
pas moins remarquable. « Boches, capout!
Nous couper cabèche à Guillaume! » ré-
pètent-ils en brandissant des casques dont
ils ne veulent pas se séparer. Si leurs pertes
ont été lourdes, celles de l'ennemi sont
plus lourdes encore[1].

A gauche des Marocains, le 276e, débouchant de Villeroy, trouve devant lui un
glacis absolument dénudé qui dévale en
pente douce vers le ruisseau de la Sorcière,
dont le fossé séparant la croupe Iverny-Villeroy des hauteurs Monthyon-Penchard sert
d'abri à des tirailleurs ennemis soutenus
par des mitrailleuses. En liaison avec le
276e, le 246e déborde Iverny. Le capitaine

---

1. Les Allemands abandonneront dans Penchard et le
bois du Télégraphe plus de deux cents cadavres et près de
quatre cents blessés.

Michel conduit sa compagnie au pas gymnastique à l'issue est du village, puis, de là, vers une position qu'il vient de reconnaître, le fossé nord de la route d'Iverny à Monthyon. Le débouché est pénible, un feu violent de mousqueterie et d'artillerie accueille les premiers éléments qui s'infiltrent dans le fossé. Plusieurs hommes tombent. Le capitaine Michel, qui reste debout sur la route, indiquant du doigt à sa troupe la position de l'ennemi, est atteint par un éclat de shrapnell qui lui brise le crâne[1].

Sur le glacis, devant le 276°, la nappe de feu est encore plus dense. Malgré tout, on avance, tantôt homme par homme, tantôt par petits groupes. En quelques bonds, le talus de la route Iverny-Chauconin est

---

[1]. Transporté une heure après, dans une ferme d'Iverny, sur un brancard de fortune fait de deux fusils, le capitaine Michel y succombait dans la soirée. Le brave officier lorrain qui, né à Nancy, avait passé quatorze ans au 69° en garnison dans cette ville et que la guerre trouva instructeur à l'École de Saint-Cyr, est enterré dans le cimetière du village.

atteint. Les hommes ne sont plus qu'à cinq cent mètres des Allemands.

D'après le récit de Victor Boudon, on peut se rendre un compte exact de l'attaque. Le bataillon débouche vers 17 heures de Villeroy et attaque en direction de Monthyon. La ligne est formée par les 17° et 18° compagnies, en liaison à gauche avec le 246°; la 19° s'avance avec, comme objectif, la cote 107; à droite, la 20°, se relie avec la brigade marocaine; l'artillerie allemande, écrasée, ne tire plus que quelques coups. Un premier bond a amené les hommes, haletants, derrière le talus de la route Iverny-Chauconin, les balles sifflent au ras de leurs têtes. De là, ils dirigent sur l'ennemi un feu évidemment meurtrier car on aperçoit des groupes escalader la côte, se dirigeant vers Neufmontiers et Chauconin. Le bataillon est lancé à l'attaque, les vagues trébuchant dans les betteraves et les mottes de terre. Le capitaine Huguin, qui commande la 20e, et se trouve en avant, avec sa troupe déployée en tirailleurs, est le premier tué raide. Il a reçu une balle à la tête et une autre à la poitrine. Le lieutenant Courtier, qui prend le commandement, tombe peu après, frappé d'une balle qui lui traverse le front[1].

A gauche, le capitaine Guérin, qu'une blessure empêche de courir aussi vite que ses hommes, est atteint près de l'arbre qui est non loin de « la Tranchée »[2]. Après deux bonds de cent mètres environ, le lieutenant de la Cornillère, qui, crâne et tou-

1. Le lieutenant Marcel Courtier, de Meaux, relevé le lendemain à 10 heures, et transporté d'abord à l'église de Neufmontiers, transformée en ambulance, était conduit dans la soirée à Paris avec l'auto du général Ditte. Il devait être sauvé après une opération dangereuse et une longue convalescence.

2. Péguy, dans une de ses lettres, a tracé du capitaine Guérin ce portrait :

« Un jeune homme de trente ans grièvement blessé au Maroc, le capitaine a fait un effort surhumain et marche quand même. Il m'a pris en grande affection. C'est un grand jeune homme, élancé, maigre, une sorte de saint militaire et un homme très bien élevé. Il fait la route en s'appuyant sur une canne noire. »

jours ganté, fait coucher son peloton mais reste debout pour mieux diriger le tir, roule à terre, frappé au moment où il commande : « A cinq cents mètres, feu à vo...! » L'adjudant Legrand se relève pour lui porter secours, fait deux pas vers lui et tombe foudroyé. Des hommes s'écrient : « Le lieutenant est tué. » Alors, l'héroïque officier, dans un suprême effort, se redresse à demi, trouve encore l'énergie de dire : « Oui, mais tirez toujours ! » et il meurt. Le lieutenant Péguy, malgré le danger, continue à se tenir dressé comme un défi à la mitraille, semblant appeler cette mort qu'il glorifie dans ses vers. Elle accourt. Une balle lui brise le front et il tombe la tête en avant, appuyée sur le bras gauche replié, le droit étendu, sans un cri. Il n'a pas souffert[1]. Quelques instants après,

---

1. Un officier de la 45° division, qui signe Henry d'Estre, passant le lendemain sur le champ de bataille, verra dans un champ, à environ un kilomètre à l'est du clocher de Villeroy, vers la cote 107 et sensiblement à l'emplacement

c'est au tour du lieutenant Whitcomb, de l'État-major de la 110ᵉ brigade, tué en arrivant sur le terrain et puis d'autres. A tout instant, ce sont des cris, des plaintes, des râles. Les soldats qui ont, pour la plupart, perdu leur sac à Ravenel, n'ont rien pour s'abriter contre ce feu impitoyable. Combien dans ces régiments, composés de Parisiens, de Briards « du Crécy et du Voulangis », ont trouvé la mort sur ce glacis ou dans ces champs qui leur sont familiers. Certains même ont été tués au seuil de leur jardin, sur leur terre qu'ils ont arrosée de leur sang[1]. C'est bien à eux que s'ap-

marqué sur la carte d'état-major par l'y du mot Villeroy, « huit, dix, vingt taches rangées sur une seule ligne et régulièrement espacées. A côté d'un troupier aux formes athlétiques, tenant encore sa pelle-bêche avec laquelle il a commencé à gratter le sol pour s'abriter, son lieutenant, dont le visage vu de profil est très calme, encadré par une barbe broussailleuse que la poussière a teinte d'un blond grisâtre, est étendu. Sur ses traits, nulle trace de souffrance »... C'était le lieutenant Charles Péguy, l'auteur de *Jeanne d'Arc*, le directeur des *Cahiers de la Quinzaine*, un des maîtres de la jeunesse intellectuelle.

1. Mgr Marbeau, le digne évêque de Meaux, citera le cas d'un soldat du 276ᵉ amené à combattre à Saint-Soup-

pliquent les vers prophétiques du généreux Péguy :

Heureux ceux qui sont morts pour leur âtre et leur feu
Et les pauvres honneurs des maisons paternelles.

Cependant, le 246e a dû déjà venir se mettre à l'abri derrière le château d'Iverny, d'autres fractions de la 110e brigade refluent vers Villeroy, leurs munitions épuisées. Le lieutenant Marché, de l'État-major de la brigade marocaine, se porte à leur rencontre et tente d'arrêter le mouvement de recul qui se propage. Il va y réussir quand deux balles l'atteignent ; il tombe foudroyé.

La nuit met fin au combat. L'ennemi s'est arrêté à la lisière du village mais ne fait aucune tentative pour y pénétrer. Chez

plets, derrière le mur crénelé de sa propriété et qui, tout en faisant le coup de feu, pourra s'entretenir par le soupirail de la cave, avec son vieux père.

M. F. Lebert, bibliothécaire de la ville de Meaux, dans sa brochure *Saint-Soupplets*, notera parmi les combattants du 276b d'infanterie, l'adjudant Raymond Codron, de Meaux, le sergent-fourrier Rousseau, du Plessis-Pacy, l'adjudant Bellenot, instituteur à May-en-Multien, etc.

les combattants de la 55e division, la fatigue
est extrême, les pertes sont lourdes. Le
général Leguay se porte près du général
de Maimbray qui, blessé au cours de l'action, est resté à son poste. Les deux chefs
décident de faire reconnaître le château de
Villeroy; toutefois, le commandant Hasenwinkel, du 204e, chargé de l'opération, ne
peut obtenir d'attaquer au cas où le château
serait occupé. On n'a pas d'ordres ou plutôt
les ordres prescrivent de se placer simplement en face de l'objectif assigné et on
n'ose pas engager une attaque de nuit,
avec tous les risques qu'une pareille action
comporte. Les avant-postes sont donc pris
sur toute la ligne. On reprendra le lendemain matin, à la première heure, le mou-
vēment en avant.

A droite de Villeroy cependant, un vif
feu de mousqueterie crépite encore. Des
cavaliers de la brigade Gillet ont pénétré
dans les premières lignes allemandes et

sont fusillés à bout portant. Ils peuvent se dégager mais jusqu'à 22 heures 3o, moment où la brigade recevra l'ordre de se replier, on restera sur le qui-vive.

Déployée sur le front Le Plessis-l'Évêque-Cuisy-Montgé, la 56ᵉ division a également, depuis 12 heures, engagé avec l'ennemi un long duel d'artillerie auquel les fantassins, abrités ou couchés dans les champs, assistent impassibles. Le trompette Miret, de l'escadron divisionnaire, qui a été jardinier dans le pays, a la chance de voir tirer une batterie ennemie. Il peut la situer exactement et, par les renseignements précis qu'il donne au commandant Muller, de l'artillerie, permet à celui-ci de la prendre sous le feu de ses pièces et de la faire taire.

Vers 14 heures, la 21ᵉ compagnie du 276ᵉ, qui établit la liaison entre les 55ᵉ et 56ᵉ divisions, sort du bois de Cuisy et tente de progresser dans la direction de

Saint-Soupplets. Elle est prise sur ce terrain en pente sous des feux de mitrailleuses, et doit se replier vers le bois après avoir perdu son chef, le capitaine Truillet et une vingtaine d'hommes parmi lesquels un enfant de Saint-Soupplets, le jeune peintre Caroly. Les obus l'accompagnent dans son mouvement. Une rafale vient même s'abattre près du lieutenant-colonel Lejeune qui, pour mieux suivre sa troupe et l'encourager par sa présence, se tient devant une meule qui s'enflamme [1].

Lancée à son tour, la 22e compagnie parvient à 20 heures à atteindre le talus de la ligne du tramway de Meaux-Dammartin. La nuit tombe. Les chefs hésitent à pousser en avant. A ce moment, le lieutenant Nottin aperçoit, venant de Saint-Soupplets, une troupe dont, à cause de l'obscurité, il ne

---

[1]. En parlant du colonel Lejeune, son chef, Victor Boudon, dira : « Courageux, énergique, dont l'air paternel a gagné l'affection des hommes ». *Avec Charles Péguy, De la Lorraine à la Marne.*

peut distinguer les uniformes. Il avertit le capitaine Dessat qui, du puits Cacoin, fait ouvrir le feu. De suite, du groupe, des cris partent : « Ne tirez pas, nous sommes des amis ! » Le capitaine fait cesser le tir et se porte en avant avec quelques hommes. « England, amis ! » répètent les arrivants. A quelques mètres du groupe, le capitaine Dessat s'aperçoit qu'il a été trompé, mais déjà, il n'est plus temps. L'officier qui est en tête de la troupe lui dit : « Nous sommes Allemands et vous êtes prisonnier », et en même temps, il décharge sur le capitaine les balles de son browning. La nuit est tout à fait venue ; dans l'ignorance où l'on se trouve de la force de l'ennemi, on n'ose pas poursuivre et venger ce guet-apens. Le lendemain, le lieutenant-colonel Duport, commandant le 298ᵉ, sera assassiné dans les mêmes circonstances, vers Fosse-Martin.

A gauche du 276ᵉ, on voit la division Dartein progresser franchement. Des fractions du 361ᵉ et du 65ᵉ bataillon de chasseurs à pied débouchent du bois de Cuisy pendant que le 66ᵉ bataillon marche sur le bois des Dames, et, malgré un violent tir d'écharpe des batteries ennemies, atteignent à 18 heures, le talus du tramway. De 18 heures à 21 heures, moment auquel la lutte prend fin, ces troupes tiendront sous les feux de mousqueterie et de mitrailleuses qui les accablent, voyant tomber le capitaine Paul Leroy, les lieutenants Convain et de la Marnière, le sergent Potelet ainsi qu'un grand nombre d'hommes. A 21 heures, un bataillon du 350ᵉ vient les appuyer et son entrée en ligne détermine le repli de l'ennemi.

Une heure après, des patrouilles des 65ᵉ et 69ᵉ bataillons de chasseurs puis, quelques instants plus tard, des fractions des 350ᵉ et 361ᵉ pénètrent dans Saint-Soupplets, tuent ou font prisonniers une vingtaine d'Allemands qui se sont attardés à l'hôtel de la Belle-Idée; on élève rapidement quelques barricades au Point-du-Jour et devant l'hôtel, en prévision d'un retour éventuel de l'ennemi; la nuit va toutefois se passer sans incidents.

Cependant, au loin, vers la Marne, des villages brûlent, Neufmontiers, Chauconin, incendiés par les Allemands; sur la hauteur, des meules de paille, les fermes Chaillouet, Proffit[1] achèvent de se consumer, pendant qu'une lune, fumeuse et rougeâtre, monte à l'horizon et que des batteries, en avant de Varreddes, crachent leurs derniers obus.

Après cette action restreinte mais très vive, le IV° corps de réserve, très éprouvé par les fougueuses attaques des Marocains et des fantassins des 55° et 56° divisions, se

1. Les Allemands se sont fait indiquer de Chauconin l'emplacement exact de la ferme Proffit. Après avoir pillé l'habitation, tenté de forcer le coffre-fort, ils mettent le feu aux étables, etc., aux granges où près de vingt mille bottes de paille forment bientôt un brasier gigantesque.

replie sur une nouvelle ligne de défense.
Dès 18 heures, il abandonne d'abord Chauconin, après l'avoir incendié en partie ; dans
la nuit, il évacuera successivement Neufmontiers, Penchard, Monthyon, puis Chambry et Barcy, laissant partout des blessés,
du matériel. Des ordres sont donnés pour
organiser le terrain, hâter les travaux de
défense ; mais les hommes, exténués par les
marches forcées ou ivres, ne travaillent que
mollement.

« Persuadés du succès définitif, écrit l'officier
de l'État-major de Klück, ils subissent une désil-
lusion en apprenant qu'il va falloir creuser des
tranchées défensives. On a trop habitué nos
soldats à chanter des hymnes de triomphe »[1].

L'armée de Paris, au contraire, a atteint
presque tous les objectifs fixés ; la marche
en avant, les exploits des « tabors », l'enlè-
vement de Saint-Soupplets, ont eu pour

[1]. *Les Batailles de la Marne,* par un officier d'État-major
allemand, p. 44.

résultat immédiat de relever le moral des troupes. On a le sentiment, après cette première journée, que la victoire, qui semblait avoir déserté les drapeaux, est enfin proche, au bout des efforts de tous.

Dans la ville, réduite et déjà comme épurée par les départs, le calme règne partout. Galliéni travaille, on le sent, on le voit.

Au bord des trottoirs, se forment des groupes qui commentent les rares nouvelles et le dernier communiqué. Une sympathie, sincère ou affectée, réunit des gens qui, la veille, se détestaient ou s'ignoraient. Sur le seuil des portes, les concierges fraternisent avec les boutiquiers voisins. Dans les escaliers des immeubles, les locataires s'arrêtent et s'interrogent, tant on espère obtenir quelques renseignements.

Le soir, il n'y a plus personne dehors. Les cafés et les débits sont fermés à

20 heures ; les restaurants à 21 h. 3o. Les rues, vides et mal éclairées, privées des autobus et des taxis bruyants, sont lugubres. On se couche de bonne heure. Seuls, quelques noctambules impénitents se réfugient aux Champs-Élysées et, sur les chaises ou sur les bancs, au clair de la lune, s'entretiennent des choses de la guerre. En quelques jours, Paris est devenu une immense ville de province.

Dans la nuit, les journaux qui ne savent pas si le lendemain ils pourront encore « rouler », s'essaient à paraître rassurants et impriment des titres vibrants comme : *La Foi, Quand même, Vive Paris !* On s'endort cependant dans une troublante incertitude.

IV

LA JOURNÉE DU 6 SEPTEMBRE

Dès le matin, au petit jour, la 6ᵉ armée, sur toute la ligne, reprend l'offensive. C'est d'abord la brigade Gillet qui se porte dans le voisinage de Crégy, afin de couvrir les issues de Meaux qu'un de ses escadrons va reconnaître. Puis, la brigade marocaine pénètre dans Neufmontiers vers 10 heures et quelques instants après, dans Penchard ; à sa gauche, la 55ᵉ division traverse et déborde Monthyon ; la 56ᵉ marche sur Gesvres et Forfry. Dès 5 heures également, des patrouilles de cavalerie atteignent Douy-la-Ramée, Oissery et Saint-Pathus, préparant la marche du groupe Vautier sur Brégy où la 63ᵉ division arrive à 9 heures.

Partout, on constate avec joie les résultats de l'action de la veille. Dans les villages, sur les routes, l'ennemi a abandonné des morts, des prisonniers, des blessés, du matériel.

Dans l'église de Monthyon, transformée en ambulance, des infirmiers allemands vaquent à leurs occupations avec une parfaite assurance.

« Ce sont des Saxons, note le sergent Lauvergnat, du 289e, dans son carnet de route. Deux d'entre eux parlent français. Ils nous disent leur répulsion pour la guerre et les Prussiens. Je reste un peu sceptique sur la véracité de leurs sentiments. »

A la sortie du village, les compagnies de tête du régiment déboîtent à droite et marchent dans les champs, déployées en tirailleurs. Pringy est à peine dépassé que les obus allemands tombent devant les lignes de la 109e brigade en même temps que les balles arrivent par rafales.

Il est 10 heures et le soleil est déjà chaud. Le général de Lamaze arrive sur le terrain et prend la direction des opérations. C'est la vraie bataille qui s'engage.

« A notre gauche, continue le sergent Lauvergnat, nous avons Barcy qui est bombardé et flamboie en partie. A notre droite et en avant, Chambry, qui semble être occupé par l'ennemi. La fusillade est vive. Nous nous couchons à plat ventre. Dès qu'un homme lève la tête, une dizaine de balles le saluent. La position devient très difficile[1]. »

En effet, Barcy, où le général Arrivet pénètre quelques instants plus tard, est déjà un « nid à obus ». L'église, la mairie, la poste, plusieurs maisons sont atteintes par le tir des batteries allemandes de Gué à Tresmes et de Trocy. A droite, des patrouilles de Marocains qui ont pénétré

---

1. Le sergent Lauvergnat devait être cité pour « s'être présenté volontairement pour occuper un poste d'observateur balayé par l'artillerie ennemie, être resté à son poste de 11 heures à la nuit, ayant donné les renseignements les plus utiles pour le tir de l'artillerie ».

dans Chambry, sont arrêtées à la sortie du village par un feu de mousqueterie parti du cimetière. La 55ᵉ division, qui devait d'abord marcher sur le front Barcy-Marcilly, reçoit l'ordre d'enlever les hauteurs (cotes 115 et 124) qui dominent Barcy au sud-est et qui apparaissent défendues par des lignes de tranchées et des mitrailleuses. Les deux régiments de chasseurs indigènes appuieront l'attaque vers Chambry.

A ce moment, le tir de l'artillerie allemande redouble de violence. Des reconnaissances d'avions signalent que des troupes évaluées à deux divisions passent la Marne à Varreddes, à Isles-les-Meldeuses et remontent vers le nord. Pour assurer leur débouché, les batteries ennemies tirent à toute volée. Klück, mis au courant de la situation du IVᵉ corps de réserve, dépêche à son secours une partie du IIᵉ corps actif et, par l'activité de son artillerie, masque le brusque retrait de ces troupes. Le maréchal French, violemment pressé depuis le matin sur la ligne Vaudoy-Hautefeuille, a la surprise de voir soudain se ralentir les attaques ennemies mais il ne saisira pas tout de suite les raisons de ce changement et il n'exploitera pas immédiatement la situation. Ces renforts, débouchant dans la matinée par Rozoy et Rouvres, vont permettre d'arrêter net le mouvement débordant du groupe Vautier.

Le général Galliéni a l'intuition que cette manœuvre est grosse de danger pour la 6ᵉ armée. Dès midi, il la signale au maréchal French par cette communication :

« 6ᵉ armée a entamé ce matin offensive vers l'est dans conditions convenues. A 9 heures, son front arrivait à hauteur de Meaux sur ligne Chambry-Barcy-Gesvres-Forfry-Oissery. Général Maunoury rencontre sérieuse résistance et croit avoir devant lui tout le IVᵉ corps de réserve.

« En outre, il signale que deux colonnes

ennemies, chacune d'une division, remontent du sud et atteignaient la Marne vers Varreddes et Lizy à 9 heures. Opération donc en bonne voie.

« Pour étayer encore davantage offensive, je donne dès maintenant au général Maunoury tous les moyens dont je dispose. Mais indispensable que l'action de la 6ᵉ armée ne reste pas isolée et que les Allemands ne puissent pas ramener contre elle les éléments qui se trouvent devant l'armée anglaise.

« En conséquence, je prie instamment le maréchal French de bien vouloir, de son côté, porter son armée en avant, conformément aux directives du général Joffre, de manière que l'offensive générale, prévue aujourd'hui, soit bien générale et pour qu'il y ait entre les diverses armées cette concordance qui, seule, peut assurer un succès définitif. »

Le Gouverneur prescrit en même temps au général Maunoury de porter le groupe

Lamaze vigoureusement en avant sur le front Barcy-Chambry afin que le groupe Vautier puisse effectuer dans de bonnes conditions sa manœuvre d'enveloppement.

Mais, depuis trois heures, les Allemands, bien abrités derrière le talus de la route Barcy-Chambry, font pleuvoir sur les lignes de la 55e division un feu de mousqueterie qui les rend intenables. En même temps, les batteries lourdes, établies hors de la portée de nos 75, envoient à l'arrière et sur Barcy, des bordées continues de gros obus à fumées grises qui sondent le terrain, implacables. Des éléments du 289e, qui reçoivent l'ordre de se replier, tombent dans la zone battue et sont durement éprouvés. A 15 heures, la brigade de Mainbray reçoit l'ordre d'attaquer. Le 246e, des éléments du 276e et du 231e, traversent la route de Meaux à Marcilly. Partout, on met la baïonnette au canon et les régiments partent, drapeaux déployés, les clairons à perdre haleine sonnant la charge. Il y a plus de 1.000 mètres à parcourir avant d'arriver aux tranchées ennemies. Les hommes se précipitent cependant, la pointe basse, aux cris de : « En avant, Paris ! ». Une nappe de plomb, dense, s'abat sur cette masse, y fait des trous; des files chancellent, des corps croulent ou piquent sur le sol dans une plainte brève, sans que la charge s'interrompe.

Un des premiers, le capitaine de Contencin, du 231e, est atteint au moment où il lance sa compagnie à l'assaut. Puis, les lieutenants Cutu, Balestrini, Millet sont successivement frappés. Il y a encore plus de 600 mètres à faire et les balles sifflent maintenant d'un crissement continu.

Au 246e, le lieutenant porte-drapeau Mulleret roule à terre, le lieutenant Dumesnil saisit l'emblème et enlève à deux reprises la troupe en avant. Blessé lui-même, il va rester en première ligne jusqu'à la fin du combat [1]. Les pertes augmentent. Des compagnies entières sont prises d'enfilade par des feux de mitrailleuses. Une vingtaine d'officiers sont déjà tombés, parmi lesquels le capitaine Gourguen, le commandant Brun, du 5e bataillon, le capitaine Robinet, qui est à la tête du 6e, le lieutenant Chapon [2]. Sur la nappe verte des luzernes et des champs de betteraves, une silhouette se détache toute rouge. C'est le lieutenant-colonel Chaulet, couvert de sang. Trois balles de mitrailleuses l'ont frappé, à l'épaule, au bras droit et une des blessures a déterminé une abondante hémorragie. Le vaillant chef, qui va mourir le 21 janvier suivant sur la route de Menin à Ypres, s'est fait enlever sa tunique et sa chemise se

1. Le lieutenant Jacques-Louis Dumesnil, député de Fontainebleau, devait devenir trois ans plus tard 'sous-secrétaire d'Etat à la Marine puis à l'Aviation dans les Cabinets Painlevé et Clemenceau.

2. Le lieutenant Raymond Chapon mourra le lendemain à l'hôpital Saint-Martin à Paris, des suites de ses blessures.

colore rapidement. « Allons, mes enfants, crie-t-il à ses soldats. Il en reste encore, voyez... suivez-moi! » Ses hommes, électrisés, atteignent la route de Meaux à Puisieux, dont le fossé est rempli de cadavres ennemis. Ils vont se lancer à la poursuite des rares Allemands qui ont pu s'échapper lorsque, sur toute la ligne, retentissent les sonneries de « Cessez le feu! Halte-là! » suivies de celles de « En avant! » Décontenancés, les soldats s'arrêtent, s'abritent à leur tour derrière le fossé de la route. L'élan est brisé.

En avant de Barcy, faisant face à Varreddes, les lignes de la 109° brigade, prises sous des tirs de mitrailleuses et d'artillerie, coiffées en même temps par nos 75 qui tirent trop court, voient des flottements se produire. Le 204° et le 289° sont en partie décimés. Le lieutenant-colonel Guy, du 204°, qui a reçu une balle dans la tête, vient d'être évacué, laissant le commandement au chef de bataillon Hasenwinkel [1]. Le capitaine Bigoudot, les lieutenants Jaluzot, Joussot, Moulin, le sous-lieutenant Demay, l'adjudant Demartini sont tués, le capitaine Bresson est blessé. Le lieutenant-colonel Ducros, qui vient de se mettre à la tête des premières compagnies du 289ᵉ, déployées en avant de Pringy, pour tenter un nouveau bond en avant, reçoit en quelques instants quatre balles, le capitaine Auger est également frappé. Un des projectiles qui l'a atteint vient tuer le jeune Reynal, de la Comédie-Française. Privés de chefs, les hommes tourbillonnent sous l'ouragan de plomb. Déjà, des groupes lâchent pied, reculent jusque dans Barcy, où s'entassent les blessés et qui est battu sans relâche par le feu des grosses pièces ennemies. A 12 heures, l'église ne dresse plus au-

---

1. Le transport à l'ambulance du colonel Guy, étendu sur un brancard improvisé, donnera lieu, en présence du général Leguay, à la scène émouvante, illustrée par Georges Scott, du « Salut au Colonel blessé ».

dessus du village qu'un squelette ; le clocher est balafré d'une énorme blessure qui,
à contre-jour, fait un trou d'ombre sinistre ;
les murs des maisons sont criblés de balles.

A ce moment, le lieutenant-colonel
Courtin, du 282ᵉ, pour enrayer le mouvement de retraite qui se dessine et qui pourrait avoir des suites irréparables, debout
sur un talus, fait déployer le drapeau du
régiment et sonner « Au drapeau ! ». Les
hommes, secoués, se ressaisissent immédiatement. Ils font demi-tour et suivent le
capitaine Fabiani qui les entraîne. A l'entrée
de Barcy, quelques officiers, le commandant Olivier, le capitaine Marassé, les lieutenants Marcel Doumer, Grosjean et La-
chaume arrêtent les fuyards, les reforment
et marchant au premier rang, un fusil à la
main, les poches bourrées de cartouches,
les mènent sur le plateau, cette fois, vers
la cote 115 évacuée. Maintenant, dociles,
les soldats progressent par bonds, se cou-

chant sous les rafales, les officiers seuls restant debout pour mieux diriger le tir. C'est au cours d'un de ces bonds que le sous-lieutenant Dufourmantelle est atteint, puis que le capitaine Cartry, du 282ᵉ, blessé à la jambe et qui, pour aider sa course, s'appuie sur un fusil, finit par tomber, frappé d'une balle en pleine poitrine.

Cette ligne si mince qu'éclaircit encore l'averse de mitraille et que la moindre attaque eût disloquée, parvient ainsi à moins d'un kilomètre de la cote 115 jusqu'au chemin de terre qui descend de la route de Chambry-Etrépilly et monte vers la Râperie; elle tient encore à 20 heures l'ennemi en respect, lui donnant l'illusion que le plateau est fortement occupé. A cet instant, les troupes algériennes, appelées en toute hâte, débouchent sur le terrain. Il était temps. Celles-ci, alertées à Monthyon, sont parties, accompagnées par ce salut du lieutenant-colonel Dubujadoux à ses zouaves : « Mes enfants, nous avons pour mission de boucher un trou. J'ai remercié le commandement de nous avoir choisis. Votre colonel vous embrasse tous et vous dit adieu! Vive la France! »

Cependant, l'ennemi, exténué, ralentit peu à peu son feu et ne prononce pendant la nuit aucune attaque de ce côté.

De l'autre côté du plateau, vers Chambry, la lutte n'a pas été moins violente. Des patrouilles de dragons, puis de chasseurs indigènes ont pénétré dans le village, le matin, dès 5 heures et demie; elles ont été arrêtées dès qu'elles ont voulu déboucher par un feu très vif parti du cimetière qui se trouve à mi-pente, à gauche de la route qui mène à Etrépilly. A 10 heures, le 1er régiment de la brigade Ditte, aborde et enlève les premières tranchées pendant que l'artillerie, installée sur les hauteurs de Crégy, balaie le plateau. Mais les autres attaques sont brisées par l'intensité de la fusillade ennemie. Vers l'arrière, les blessés affluent. L'église de Neufmontiers est bientôt remplie et sur l'autel, on opère, sans chloroforme, un officier atrocement blessé et qui ne profère aucune plainte.

Toute la journée, la lutte continuera violente sauf deux accalmies, à 12 heures et à 16 heures, et durera jusqu'à 23 heures sans que les troupes, malgré leur allant, puissent progresser. A ce moment même, une contre-attaque ennemie, menée en direction de Mansigny, déborde Chambry, appuyée par le tir de l'artillerie lourde établie à Germigny. Le capitaine Wolff, bien que frappé au début de l'action, à la tête de sa compagnie, rallie quelques unités qui refluent en désordre pour se porter à l'aide des batteries un moment en danger. Des obus viennent tomber dans Meaux sur le faubourg Saint-Faron. Les Marocains doivent se replier en toute hâte vers Penchard.

Au nord de la route de Saint-Soupplets à Etrépilly, la division Dartein, progressant rapidement, a atteint, vers 11 heures, Marcilly. Le général Cornillè, qui commande la 112° brigade, s'y installe et va y tenir toute la journée sous un violent bombardement. Un peu plus tard, la 111ᵉ brigade occupe Fontaine-les-Nonnes, que l'ennemi tenait encore à 9 heures et qui devient le poste de commandement du colonel Bonne. Pendant ce temps, l'artillerie, du bois de Fontaine et de la Mare, prend sous son feu la ferme de Champfleury, transformée en redoute par les Allemands et qui, placée sur un éperon, domine au loin la plaine. Le 66ᵉ bataillon de chasseurs à pied, enlevé par le commandant Leclère, et avançant avec une incroyable rapidité, y a même pénétré ; cependant, pris sous les rafales de nos pièces qui, non prévenues, tirent trop court, il doit l'évacuer.

Derrière la crête qui court de la ferme

Nongloire à Fosse-Martin, les batteries des 25e, 32e et 40e régiments d'artillerie tirent sans arrêt, préparant l'attaque sur la ferme de Poligny, Trocy et Vincy-Manœuvre. Déjà, un bataillon du 321e a pu progresser et se maintenir à la lisière ouest de Puisieux. Le soir arrive. C'est à ce moment que le message du général en chef parvient à la 6e armée et cause dans ses rangs un long frémissement[1].

« Au moment où s'engage, dit-il, une bataille dont dépend le salut du pays, il importe de rappeler à tous que le moment n'est plus de regarder en arrière; tous les efforts doivent être employés à attaquer et à refouler l'ennemi. Une troupe qui ne peut plus avancer devra, coûte que coûte, garder

---

1. « Un sergent, notera Pierre Roujon dans son Carnet de Route, donne lecture d'un ordre du jour du général Joffre : « se faire tuer plutôt que de reculer ». Impression profonde. Le papier circule de main en main et chacun le relit en silence. »

le terrain conquis et se faire tuer sur place plutôt que de reculer. Dans les circonstances actuelles, aucune défaillance ne peut être tolérée. »

A l'armée de Paris, il y a déjà vingt-quatre heures que la bataille est engagée et que l'on ne songe plus à regarder en arrière. Le général en chef a demandé à tous les combattants d'être des héros. Ils ont déjà obéi.

Le groupe Vautier, dont de forts éléments sont restés, la veille, déployés face au nord, sur la ligne Luzarches, Belle-Fontaine, Sur-villiers (35e), Saint-Witz (42e), entre, à son tour, en ligne. Alertées pendant la nuit, de 1 heure à 3 heures, les deux divisions qui le composent et dont une partie est déjà massée à la sortie de Dammartin, se portent vers l'est avec, comme objectif, le débordement de l'aile droite ennemie. La 63e division marche par Dammartin, Saint-

Pathus et Brégy ; la 14ᵉ par Le Plessis-Belleville, Silly-le-Long, Chèvreville et Bouillancy. Certains corps vont accomplir, sans
laisser un traînard, une dure étape de plus
de trente-cinq kilomètres, terminée sous la
chaleur accablante de ce dimanche de septembre [1]. Seules, les avant-gardes ont eu à
refouler quelques uhlans.

Ce n'est qu'à 12 heures que les premières
unités s'engagent et, à ce moment, les
renforts appelés par Klück vont bientôt
entrer en ligne. Déjà, l'artillerie française
affirme sa supériorité en contre-battant effi-
cacement les batteries allemandes de Rozoy.
Ses obus fouillent les bois qui entourent
Acy et tapissent le ravin de la Gergogne.
On voit, partout, des groupes déguerpir.
Le 60ᵉ est alors lancé pour enlever le vil-

1. Le sous-lieutenant Carmellino, du 42ᵉ, dira dans son
Carnet de Route : « Les hommes étaient découragés...
Mais, du moment que nous marchions à l'ennemi, il n'y
avait plus de traînards ce jour-là, nous devions faire plus
de trente-cinq kilomètres, par une chaleur torride, sans
qu'un seul homme restât en arrière. »

lage. A 13 heures, il l'occupe entièrement mais, dès qu'il veut en déboucher, il voit sa progression arrêtée par des feux partis des nombreux boqueteaux qui bordent la rivière. Des éléments du 42e, qui tentent de tourner le village par le nord, sont fusillés dans le dos par des fractions ennemies restées cachées dans le parc. En même temps, une violente contre-attaque se dessine de front. Ce sont les têtes de colonnes du IIe corps qui, après une étape de nuit de plus de quarante kilomètres, entrent en ligne vers Puisieux, May-en-Multien et Etavigny, appuyées par le feu de toutes les batteries allemandes.

Un groupe du 47e d'artillerie, qui a bravement engagé la lutte, est, en quelques instants, décimé. Son chef, le lieutenant-colonel Tomasini, les deux cuisses broyées par le même obus qui a éventré son cheval, s'est fait asseoir sur l'accotement de la route et, stoïque, attend la mort. Un cycliste du 35e d'infanterie, qui va chercher des cartouches pour les mitrailleuses, passe, descend de machine et offre ses soins au colonel. Mais celui-ci veut d'abord connaître la mission dont l'homme est chargé, et quand il la sait, il refuse : « Courez vite, lui dit-il, le ravitaillement de votre pièce est plus intéressant que moi. »

L'infanterie supporte sans défaillance les effets de cette violente canonnade, mais ses pertes deviennent bientôt importantes. Le sous-lieutenant de Charpin-Feugerolles, du 42e, est, avec le capitaine Lacombe, un des premiers atteints. Un éclat vient de lui fracasser la jambe. A l'entrée d'Acy, le sous-lieutenant Flory, du 60e, reçoit une balle qui traverse le sommet du poumon et lui fracasse l'épaule[1]; le sous-lieutenant Magrin, maintenu à terre par une blessure

1. Comme beaucoup d'autres, le sous-lieutenant Flory restera étendu plus de trente-six heures sur le champ de bataille, au milieu d'atroces souffrances.

grave, continue à diriger sa section et refuse de se laisser emporter quand lui parvient l'ordre de se retirer. On recule en effet sur le Bas-Bouillancy; pas pour long-temps, car, à 20 heures, les clairons sonnent la charge. Malgré l'élan de la troupe, l'atta-que faite dans la nuit qui tombe ne donne aucun résultat appréciable. On a pu cepen-dant dégager une batterie d'artillerie sur le point d'être capturée, réoccuper le cime-tière d'Acy et le petit bois triangulaire, mais après une lutte si acharnée qu'on retrouvera deux jours plus tard dans ce dernier cent cinquante cadavres dans un espace de deux cents mètres.

A la lueur des fermes et des meules qui brûlent, on peut voir les Allemands creuser hâtivement des tranchées. A l'extrême-gauche, Bouillancy, un instant occupé, a dû être également abandonné sous les attaques furieuses du 11° corps.

De Brégy à Fosse-Martin, la 63° division,

déployée face à l'est, a marché en direction de Vincy-Manœuvre, sous un feu intense. Le 298ᵉ, en liaison à droite avec le 216ᵉ, parvient à gagner la route transversale qui, de Puisieux, se dirige sur la ferme de Nogeon. Sa marche est si rapide que les batteries chargées d'appuyer sa progression, tirant trop court, l'encadrent de bordées d'obus. Il lui faut obliquer légèrement à gauche mais en arrivant à la crête qui surplombe la route, il se trouve sous le feu de l'artillerie ennemie. Les projectiles arrivent, déchirant l'air et détonant dans une longue flamme rouge empanachée de fumée. Des chefs crient : « Couchez-vous! Progression par bonds au commandement! » Bien que les hommes obéissent docilement, les pertes sont en quelques instants sérieuses. Le jeune sous-lieutenant Reynaud est tué. Peu après, un fusant éclate près du lieutenant-colonel Duport qui est blessé à l'épaule. Le capitaine Rochard a le bras fracassé, le sous-lieutenant Gignous, la cuisse traversée. Le régiment oblique au nord, puis reprend sa marche sur la ferme Maulny.

Le soir tombe. Peu à peu, les deux artilleries se sont tues. Quelques mitrailleuses, invisibles, continuent dans l'ombre à crépiter et leurs balles, par centaines, viennent s'enfoncer dans la terre en miaulant. Le 305ᵉ, maintenant en tête, est parvenu à s'approcher à environ cent cinquante mètres des tranchées ennemies. Le lieutenant-colonel Andlauer vient se mettre devant la première ligne et l'enlève au cri de : « En avant ! A la baïonnette ! » Dans une ruée, les hommes foncent droit devant eux, et s'emparent presque sans pertes, tant leur attaque a été rapide, des pièces que leurs servants ont abandonnées. Mais, à trois cents mètres de là, jaillissent de nouvelles gerbes de balles. La nuit est venue, rendant toute progression dangereuse. Cependant, du côté de la ferme Maulny, des cris arrivent, d'abord confus puis qui deviennent de plus en plus distincts. Une troupe dont il est impossible de distinguer les uniformes, s'avance. On entend : « France! England! Amis! » Nos soldats, déconcertés, s'arrêtent. Le colonel Andlauer, qui se tient près du colonel Duport, suggère : « Entonnons la *Marseillaise*. Nous verrons bien ce qu'ils répondent! » De notre côté, s'élève le chant sacré : « Allons, enfants de la Patrie... ». Le couplet se termine, sans réponse de la part de la troupe inconnue qui continue à avancer et n'est plus maintenant qu'à une cinquantaine de mètres. Un officier, le capitaine Pélade, se porte avec quelques hommes au-devant d'elle. Il distingue ces mots : *Holen sie die Maschinengewhre*[1]! « Ce sont les Allemands! » crie-t-il. Les soldats tirent; dans les rangs ennemis, des

---

1. Allez chercher les mitrailleuses.

hommes s'écroulent, les autres lèvent les mains, faisant signe qu'ils se rendent. Le lieutenant-colonel Duport, qui a rejoint le capitaine Pélade, s'avance au-devant d'eux. Il n'est plus qu'à quelques pas du groupe lorsque, brusquement, un officier sort un browning de sa poche et fait feu sur lui. Le colonel roule à terre, la poitrine traversée. Fous de rage, les hommes qui l'entourent, bondissent, la baïonnette en avant. Une mêlée sauvage et furieuse se produit; les Allemands s'y dérobent dans la nuit, maintenant complète, et se replient sur la ferme.

Mais, par suite de la marche de la 63ᵉ division vers Vincy-Manœuvre, un vide considérable s'est produit entre cette division et la 56ᵉ. Le caporal Louis Thomas, du 66ᵉ bataillon de chasseurs à pied, parcourra cet espace avec deux cyclistes, à partir de 21 heures, aiguillant les isolés et les blessés vers les lignes françaises. Il rencontrera même une compagnie, conduite par un sous-lieutenant, qui la dirige à la boussole et finira par établir la liaison entre les groupes Vautier et de Lamaze.

« Sur les lieux mêmes où l'on se battait, dira-t-il plus tard, les chocs étaient si rudes pendant le jour, que les troupes se reportant en arrière le soir pour se reformer pendant la nuit, laissaient entre elles un espace considérable, domaine des patrouilleurs, cyclistes ou fantassins, livrés à leur initiative ou à celle de leurs jeunes conducteurs [1]. »

L'ennemi, fatigué, ne songe pas à profiter de la situation. Il est cependant certain que des patrouilleurs résolus, lancés par lui dans cet intervalle, auraient pu causer des paniques redoutables.

A la fin de cette première journée, la 6ᵉ armée s'est approchée, en plusieurs points, à moins de dix kilomètres de l'Ourcq. Elle s'établit sur la ligne Chambry-Barcy-

1. *Avec les Chasseurs*, p. 36.

Marcilly-Puisieux-Acy-Etavigny. Elle n'a réussi toutefois ni à enfoncer le centre, ni à déborder la droite de l'ennemi. La violence de ses attaques a alarmé Klück. Les dispositions du chef de la Ire armée sont rapidement prises. Il va ramener le plus de forces possible sur la rive nord de la Marne et accepter la bataille avec la 6e armée à sa droite et l'armée britannique devant lui.

Toute la journée, des troupes ont traversé Paris. Un régiment de dragons du corps Sordet entre par la porte de Boulogne, prend les boulevards extérieurs, et sort par la porte d'Aubervilliers.

« Qui m'eût dit, devait écrire le capitaine Ouy-Vernazobres, lorsque je flânais le long de l'avenue Henri-Martin qu'un jour prochain, j'y passerais à la tête de mon escadron revenant de Liége et que je verrais les avenues du Bois mises en état de défense.

Toutes les belles demeures sont fermées. Il

reste à peine quelques concierges. Dans les quartiers populeux, des femmes, des enfants. Aux avenues jadis si mondaines du Bois, quelques hommes saluent, gravement, sans un mot. C'est du reste la note ; sur tout le long parcours, pas un cri, on peut même dire, pas une parole. Des passants s'inclinent, c'est tout[1]. »

Dans le communiqué de 15 heures, donné par les journaux du soir, les Parisiens peuvent lire que *les troupes de la défense avancée de Paris ont pris hier le contact avec des forces adverses, paraissant couvrir sur l'Ourcq, vers le sud-est, le mouvement du gros de l'aile droite allemande.* C'est tout.

Si le bulletin est à son ordinaire incolore et imprécis, des nouvelles sensationnelles circulent, qui sont commentées avec animation. On raconte que : deux Allemands se sont introduits dans Paris, déguisés en officiers anglais. Ils nous ont vus trop forts et trop résolus. Et c'est pourquoi ils s'en vont.

---

1. *Journal d'un officier de cavalerie.*

Turpin, le célèbre inventeur de la mélinite, a trouvé un nouvel explosif, baptisé par les Parisiens « la turpinite » et dont les effets sont foudroyants. Des soldats, venus de différents points du front, déclarent avoir vu, de leurs yeux vu, dans les tranchées allemandes, des compagnies entières, des pelotons, hommes et chevaux, inertes, raidis, dans l'attitude où l'obus les a surpris [1].

Mais d'autres bruits font l'aliment de toutes les conversations. Ne dit-on pas que 5o.ooo soldats hindous débarquent aujourd'hui, ou demain, à Marseille, que des Russes, des Cosaques venus en droite ligne d'Arkhangel, les uns disent 3oo.ooo, les plus modestes ne descendent pas au-dessous de 1oo.ooo, sont arrivés par la gare de

1. Les effets décrits sont exacts. Ils ne peuvent toutefois être attribués, en aucun cas, à l'explosif employé mais à la brusque dépression de l'atmosphère, au moment de l'éclatement du projectile. Cette dépression arrête instantanément la circulation du sang, créant ainsi une embolie totale.

Lyon. On les a vus, on les a touchés, on leur a parlé... Ils traverseront la ville dans la soirée pour s'embarquer à la gare du Nord. Aussi, à partir de 18 heures, le boulevard Saint-Germain et le boulevard Saint-Michel sont-ils noirs de monde. Malheureusement, ce n'est qu'une légende, qui restera d'ailleurs vivace. Les Russes ne défilent pas et la foule se disperse, tard, désappointée.

A 22 heures, il n'y a plus personne dehors. Seuls, quelques Parisiens endurcis, attardés dans les Champs-Élysées ou sur les boulevards extérieurs, tendent l'oreille vers l'est où, à de longs intervalles, l'on entend s'éteindre les derniers coups de canon pendant qu'innombrables et indifférentes, les étoiles illuminent la nuit splendide.

V

LA JOURNÉE DU 7 SEPTEMBRE

La bataille gagne du terrain et augmente de jour en jour d'intensité. A peine suspendue pendant la nuit, elle reprend le 7 au petit jour, avec une nouvelle vigueur. Le général Galliéni a compris toute la gravité de la situation. Il a déjà signalé la veille le danger qui pourrait résulter pour la 6ᵉ armée du retour sur la rive droite de la Marne de nouvelles forces ennemies. Il demande une seconde fois au maréchal French de pousser son offensive à fond afin de retenir le plus de forces possible devant lui. Devant la difficulté rencontrée par notre attaque frontale sur la ligne Chambry-Barcy, il étaie la gauche de la 6ᵉ armée avec la 61e division de réserve prise au groupe Ebener et va demander au général Sordet de tenter avec tout le corps de cavalerie le débordement par le nord.

L'aube se dissipe à peine ; sur le plateau, le froid est vif. A droite, la brigade marocaine, à cheval sur la route de Melun à Soissons, traverse, sous un feu violent, le rû de Mansigny et se porte à l'attaque des tranchées de la cote 107 pendant que la brigade Gillet surveille la vallée de la Marne.

De son côté, la division Drude est entièrement en ligne. Le général Traffert est devant Chambry avec les zouaves du colonel Codet et du colonel Francez ; sur la gauche, à Barcy, se tient le général Quinquandon avec le 2e régiment de marche de zouaves du lieutenant-colonel Dubujadoux et le régiment de marche de tirailleurs du colonel de Bonneval. La brigade Traffert a pour objectif la cote 122, sur la route de Chambry à Varreddes ; la brigade Quinquandon, Étrépilly ; les Marocains vont attaquer vers la cote 107, entre Varreddes et Chambry.

A 6 heures, des rafales d'obus viennent surprendre les premiers éléments du 1er régiment de marche de zouaves qui débordent Chambry par le sud. Deux compagnies traversent par petits paquets un champ découvert, se blottissent dans un chemin creux et ouvrent le feu sur l'ennemi qui se trouve sur la crête formée par un chemin bordé de peupliers qui mène à Étrépilly.

A gauche, un bataillon, déployé et soutenu par l'artillerie, se porte en avant par bonds successifs sur la cote 122 sous une pluie de fer et de feu. Le lieutenant Mouton-Rodes, de la brigade Gillet, qui suit à la jumelle la progression de cette troupe, dira :

« Les zouaves progressaient puis revenaient en arrière et se reportaient en avant, dans un mouvement de flux et de reflux d'autant plus émouvant et angoissant pour moi qui regardais cela que chacune de ces vagues humaines laissait derrière elle des morts et des blessés ».

Vers 11 heures, les pertes sont telles que les tirailleurs sont appelés pour renforcer la ligne. A 16 heures, le général Traffert donne l'ordre d'occuper Chambry. Zouaves et tirailleurs, lancés en avant, traversent le village en un clin d'œil, arrivent jusqu'au cimetière et en prennent possession après avoir cloué à la baïonnette les derniers défenseurs ; les murs nord et est en sont immédiatement crénelés. Puis, à 20 heures, on tente une nouvelle attaque ; mais, celle-ci échoue sous le feu meurtrier des mitrailleuses ennemies. Le colonel Codet fait cesser le feu ; les Allemands, dans l'ignorance où ils sont de la position des nôtres, cessent de tirer et permettent ainsi aux zouaves de se replier.

Au nord de Barcy, la brigade Quinquandon a, dès 4 heures et demie, repris son mouvement en avant. Le 2° *bis* de zouaves est en tête, le bataillon Déchizelle à gauche, le bataillon d'Urbal à droite, ayant tous deux comme objectif, Étrépilly, dont on voit la pointe du clocher émerger du thalweg du ruisseau de Thérouane ; en soutien, s'avance le bataillon de Marcy. Les obus allemands, passant par-dessus la tête des zouaves dans un long ronronnement essoufflé, vont tomber sur Barcy qui flambe. Bientôt, les balles arrivent par rafales. On se déploie en tirailleurs. Le bataillon d'Urbal se jette dans un champ de luzerne et commence lentement, en rampant, l'escalade de la hauteur au revers de laquelle se trouve le village. Les officiers, avec leur uniforme différent de celui des hommes veulent rester debout, et sont bientôt pris comme cibles. Tout d'abord, le capitaine Imbert s'affaisse, atteint d'une balle en pleine poitrine, puis tombent successivement les capitaines Allouchery, Mélou, Pignoux, de

Reviers, Serph-Dumagnou, Mourou, les lieutenants Signolet, Demartini, Maillet, Rousseau, Poggi, Neurouth, le sous-lieutenant Dauvergne. Presque tous les chefs de section sont tués ou blessés. Enfin, c'est le tour du commandant d'Urbal, « un colosse de près de six pieds, large à proportion dira Henry d'Estre[1], que sa haute taille désigne aux coups. » La canne à la main, fumant sa pipe, il va d'un bout de la ligne à l'autre, sans souci des balles, pendant que les mitrailleuses ennemies promènent la mort sur le glacis. On veut le faire coucher ou se mettre à l'abri, mais toutes les objurgations restent vaines. « Il faut montrer aux Allemands qu'un officier français n'a pas peur d'eux », répond-il dédaigneusement. Vers 13 heures, voyant que les pertes augmentent, il envoie demander du renfort. A cet instant, le fourrier, qui se

1. *D'Oran à Arras.*

trouve près de lui, le voit subitement écarter les bras et tomber en avant. Une balle vient de le frapper à la tête. Ce n'est que le lendemain que le commandant Déchizelle, aidé de deux chasseurs d'Afrique, pourra ramener dans les lignes françaises le corps demeuré dans les luzernes. Le fardeau est si lourd qu'il faudra le placer en travers du cheval d'un des cavaliers et c'est sous une grêle de balles que le cortège atteindra Barcy[1].

Jusqu'à 15 heures, la ligne de combat gardera le terrain, face à l'ennemi, sans même apercevoir celui-ci. Les hommes, couchés sur le glacis, dans les cultures qui ne leur procurent qu'un abri illusoire, ne peuvent se faire à l'idée de rester sur place, de creuser la terre. Enfin, selon les ordres du colonel Dubujadoux, on se replie sous le feu, et on se rallie dans un fossé de la route. Jusqu'au soir, rien ne sera plus

1. Le commandant d'Urbal sera enterré au cimetière dans le trou qu'un énorme obus vient de creuser.

tenté de ce côté, mais le duel des deux artilleries continuera émouvant, formidable.

Cependant, à 20 heures, le colonel Dubujadoux reçoit l'ordre d'appuyer l'action de
la 56ᵉ division sur Étrépilly.

Le 350ᵉ a déjà, une première fois, dans
la journée, occupé le village, mais, violemment contre-attaqué, il a dû rétrograder ;
l'affaire va être reprise. Tandis que le
colonel de Certain fait suivre à son régiment
les bords de la Thérouane, pour aborder le
village par l'ouest, le colonel Dubujadoux
envoie l'ordre au bataillon Dechizelle de se
porter sur la lisière sud. Lui-même suit en
renfort avec des fractions du bataillon
d'Urbal, du 3ᵉ *bis* de zouaves et du 2ᵉ *bis* de
tirailleurs, groupées sous le commandement du capitaine Péron.

Il part dans la nuit qui tombe. En chemin,
pour s'assurer que le bataillon Dechizelle
est bien devant lui, il fait sonner en signe
de ralliement le « Boutonnez vos guêtres »

du 2ᵉ régiment. La sonnerie est répétée mais d'une façon maladroite. Il en conclut que c'est l'ennemi qui a répondu. « Silence, défense de tirer, dit-il, on ira à la baïonnette ». Rapides, les zouaves s'avancent jusqu'aux premières maisons. Là, un « Halte-là : Qui vive ? » retentissant les arrête, auquel l'adjudant Soulé répond :

— France, zouaves.

— Nous aussi, zouaves.

En même temps, on distingue des coups de sifflet, des commandements en allemand, puis, brusquement, une mitrailleuse balaie la route. Les hommes ont juste le temps de se jeter dans les fossés à droite et à gauche. De son côté, la 22ᵉ compagnie du 350ᵉ est parvenue à s'approcher du village. Elle va y pénétrer quand deux mitrailleuses démasquées commencent à dérouler leurs bandes. Le capitaine Voiturier n'hésite pas, il se jette d'un bond sur les pièces, décharge les six coups de son revolver sur les servants qui sont achevés par ses hommes. Le colonel de Certain fait sonner la charge et en un clin d'œil, les fantassins se ruent, poursuivant l'ennemi de maison en maison. On se fusille, on s'assomme dans les cours. Des coups de feu partent de toutes les fenêtres. Au même moment, les zouaves pénètrent dans le village par le sud, bondissent dans la grande rue qui monte en pente rude puis, toujours précédés de leur chef, marchent sur le cimetière qui se trouve à mi-côte à trois cents mètres du village, à droite de la route qui mène à Vincy.

Une grêle de balles les cloue sur place, le capitaine Péron est blessé. Des hommes croulent ou piquent sur la route ; peu après, le colonel Dubujadoux reçoit une balle dans le bras. Deux zouaves se précipitent vers lui et l'aident à s'asseoir le long d'un mur, mais il refuse leur aide. « Marchez en avant, mes enfants, dit-il, ne vous occupez pas de moi. » Il se relève seul et rejoint ses hommes. Par centaines, les balles sifflent, claquent. Un hangar rempli de paille s'allume, mettant les Algériens en pleine lumière tandis que l'adversaire reste dans l'ombre. Le colonel Dubujadoux est parvenu à ce moment à l'angle sud du cimetière. Une deuxième balle l'atteint à la cuisse droite, puis une troisième à la cuisse gauche. Le clairon Thomas aide son chef à se traîner et l'adosse à une meule de paille au pied de laquelle se trouvent déjà plusieurs blessés, puis il repart faire le coup de feu[1].

Les Allemands se sont vite rendus compte du petit nombre des assaillants dont les rangs s'éclaircissent encore de minute en minute. Ils manœuvrent pour leur couper la retraite. Zouaves et tirailleurs se replient,

---

1. Le corps du colonel Dubujadoux sera retrouvé le 9 dans une rue d'Etrépilly, abandonné, à demi déshabillé. Ses hommes lui rendront les honneurs puis l'enseveliront près de la ferme Beauvoir, appelée aussi Beauval, au bord de la route d'Etrépilly à Lizy, près de la route Melun-Soissons.

lentement, suivis par le sifflement de la fusillade, sous les obus qui commencent à allumer les maisons. En rentrant dans Étrépilly, ils découvrent de nombreux ennemis qui se sont cachés au moment de leur passage et qui, en cas de retraite, les auraient certainement fusillés. Les Algériens les obligent à sortir de leurs cachettes et les passent au fil de la baïonnette. Le village est mis en état de défense; il est 1 heure du matin. On doit l'évacuer un peu plus tard, de crainte d'être encerclé. De même, le 350° n'a pu se maintenir à la lisière ouest et repasse sur la rive droite de la Thérouane.

Au nord de la route Marcilly-Étrépilly, toute la journée, va se livrer entre les deux adversaires, un duel violent d'artillerie. Les batteries de la 56° division, établies derrière la crête qui court de l'ancien moulin à Fosse-Martin, battent avec persistance la ferme de Champ-Fleury et celle de Poligny.

Sous la violence du feu, les Allemands ont dû évacuer Puisieux que le 321ᵉ occupe vers midi, mais ils restent solidement installés dans leurs tranchées à gauche de la route d'Étrépilly à Vincy. Leur artillerie n'est pas moins active ; ils ont, en outre, entre Étrépilly et Trocy, et, en arrière de Vincy, des batteries de 105 qui arrosent systématiquement le terrain et creusent de vastes entonnoirs.

Le 298ᵉ, qui a rétrogradé depuis la ferme Maulny et a mis en état de défense les lisières nord et est de Fosse-Martin, avec deux compagnies à la ferme de Nogeon, y tiendra jusqu'au soir sous les obus.

C'est surtout à l'aile gauche que porte le principal effort de l'ennemi. La lutte, qui s'est arrêtée la veille après 23 heures, reprend le matin à l'aube.

Dès 4 heures, la 28ᵉ brigade, déployée face à Étavigny, sur la crête qui surplombe la route d'Acy à Betz, est prise sous des tirs méthodiques de mitrailleuses. Les gerbes qui tombent d'abord à une centaine de mètres en arrière des lignes, se rapprochent progressivement, fauchant les hommes comme des épis.

Le sous-lieutenant Carmellino, du 42e, couché derrière ses hommes, dira qu'il les sentait venir. Et, en effet, au bout de quelques minutes, la gerbe passe sur lui ; il est atteint successivement de trois balles. La première coupe le ceinturon de son revolver ; deux autres le frappent au genou droit et à la cuisse gauche. Il trouve encore la force de se traîner à l'arrière, rejoint par plusieurs de ses hommes, également blessés, et devra à son énergie d'être sauvé. Le sous-lieutenant Grosclaude, qui vient de sortir de Saint-Cyr, est également touché. On le dépose au pied d'une meule de paille qui prend feu, incendiée par un obus.

Sous la poussée des masses allemandes, appuyées par une artillerie qui fait rage, la ligne Acy-Étavigny doit être abandonnée. Après plusieurs contre-attaques où l'infanterie escalade, une nouvelle fois, sac au dos, les rudes pentes de la Gergogne, on se replie sur le plateau de Nogeon. La 14e division est épuisée par l'effort qu'elle vient de fournir. Ses rangs sont décimés; les cadres ont à peu près disparu. Le colonel Bonfait, qui commande le 42e, le commandant de Pirey, qui a pris le commandement du 60e, le commandant Chantrenne, les capitaines Maussion, Kazo, Toussaint, les lieutenants Brot, Mailley et Klein, d'autres encore ont été mis hors de combat [1].

A la 63e division, les pertes ne sont pas moins lourdes. Le lieutenant-colonel Augier, qui commande le 238e, a reçu trois blessures.

1. Le capitaine Maussion, du 35e, blessé à la cuisse, laissé sur le terrain, va être retrouvé le lendemain, le front fracassé par un coup de feu tiré à bout portant car le drap du képi est brûlé. Le cadavre a été dévalisé. Le lieutenant Klein, du 42e, blessé par une balle qui lui a traversé la poitrine, sera relevé, le corps percé de coups de baïonnette.

On l'emmène à l'arrière sur un brancard de fortune. Au bord de la route, dans un flot de sang, le capitaine Boutillier est étendu. Le chef tient à adresser au vaillant officier quelques paroles de consolation. Se soulevant à demi, le capitaine, dans un dernier effort, lui répond : « En avant, mon colonel, toujours en avant! » Le sous-lieutenant Bouchut est tombé avec beaucoup d'autres en accompagnant dans un assaut à la baïonnette le drapeau déployé.

La situation est grave. Un moment de plus, c'est notre gauche tournée, la bataille perdue. Déjà, dans l'ouragan des bruits, on distingue le son aigu des fifres et le tapage des tambours plats qui sonnent la charge. Le colonel Nivelle se porte en avant avec quelques pièces du 5ᵉ régiment d'artillerie. Calme et froid comme au polygone, il va dans le crépuscule, dépasse les lignes de l'infanterie et, à découvert, fait mettre en batterie et ouvrir le feu à bout portant sur les colonnes ennemies qui, de partout, déferlent. Rapidement, les 75 emplissent l'air de leur sifflement rageur. Leur tir s'accélère, devient frénétique, chaque pièce crachant à la minute ses 20 obus, et cette cadence se prolonge pendant plus d'une heure. Encore un coup de faux à 1.200 mètres de la 2° batterie du capitaine Thomassin et c'est fini. Les vagues d'assaut se disloquent, brisées, refluent en désordre, laissant le sol couvert de cadavres[1].

L'ennemi ne tentera plus, ce soir-là, aucune nouvelle attaque.

Dans la soirée, vers 22 heures, au nord-est de Fosse-Martin, à la ferme de Nogeon, se produit un épisode curieux. La 22° com-

___

1. M. Ch. Nordmann, qui a servi sous les ordres du colonel Nivelle, dira plus tard : « Rien de plus pittoresque que d'entendre le colonel N... racontant une certaine journée de septembre 1914, où ses canons, en deux heures, démolirent cinq mille soldats de la garde prussienne, s'avançant en rangs serrés et dont pas un n'échappa. Rien de plus amusant que de l'entendre dire avec un grand sang-froid : « Jamais je n'avais vu un aussi magnifique « objectif... »

pagnie du 298° a réussi, malgré le violent bombardement qui a duré toute la journée, à se maintenir à la râperie de betteraves, qui se trouve à côté de la ferme, à l'inter-section des routes de Puisieux et de Vincy! La ferme et la distillerie brûlent, allumées par les obus, dans un clair de lune splendide. En liaison avec cette compagnie, et très mêlés, se trouvent des éléments du 60°, une section du génie, puis des fractions du 216°.

A la lueur de l'incendie, sous la clarté de la lune, on voit une troupe qui s'avance en criant : « France! England! amis! » L'ennemi espère renouveler le guet-apens de la veille et de l'avant-veille. Mais, les soldats prévenus, se tiennent sur leurs gardes. Le capitaine Flamond n'a pas une minute d'hésitation, il fait ouvrir le feu. Les Allemands ont à peine eu le temps de riposter que déjà les Français sont partis en avant, à la baïonnette. Ils bousculent l'ennemi, pénètrent dans la première tranchée, s'en emparent après un corps-à-corps furieux. Au cours de la mêlée, le sergent Antoine et le soldat Guillemard aperçoivent un sous-officier allemand qui, aidé d'un de ses hommes, cherche à enfouir un drapeau. Ils bondissent sur le groupe. Guillemard transperce le sous-officier d'un coup de baïonnette, le frappe du pied sur la main qui tient encore la hampe pendant que le caporal Michalet se jette sur l'autre adversaire. Des camarades surviennent, formant un rempart autour d'eux. Guillemard arrache enfin l'emblème et le rapporte triomphalement dans nos lignes. C'est l'étendard du régiment d'infanterie n° 38 (Fusiliers de Magdebourg) décoré de la croix de fer en 1870, dont la capture vaudra au drapeau du 298° l'honneur de recevoir la croix de la Légion d'honneur et à Guillemard, la médaille militaire des mains du général Galliéni.

C'est ce que rapportent du moins la citation attribuée au 298e et à Guillemard et quelques chroniqueurs. La réalité est quelque peu différente et des récits de témoins autorisés ont permis de la rétablir. Cette attaque des tranchées ennemies a été exécutée par des unités très mélangées. Mais, les premiers, des hommes du 60e avec le sous-lieutenant Colin, atteignirent l'objectif, aperçurent l'étendard pourpre, étoilé de noir, et se jetèrent sur ceux qui le défendaient. A ce moment, surgissent des soldats du 298e qui leur prêtent main-forte. Le sous-lieutenant Colin tient déjà l'emblème quand, dans l'ardeur de la lutte, le soldat Guillemard, aux côtés duquel se trouvent le sergent Antoine et le caporal Michalet, lui arrache le trophée et l'emporte[1].

1. La plupart des témoins de ce fait d'armes ont, depuis, disparu. Louis Guillemard devait tomber le 28 septembre à Vingré ; le sergent Antoine, promu sous-lieutenant, était tué l'année suivante aux Dardanelles. Le sous-lieutenant Colin était frappé quelques jours après à Autrèche. Mais quelques-uns vivent encore, le caporal Boutrand et le lieu-

Pendant ce temps, le capitaine Flamond entraîne à nouveau ses hommes pour forcer la deuxième ligne ennemie. Il s'élance en criant: « Encore un effort, mes enfants, nous les tenons! » Frappé au bout de quelques pas d'une balle au cou, il trouve l'énergie de donner l'ordre à ceux qui se portent à son secours de continuer d'avancer. Il expirera quelques instants plus tard en serrant les mains de son fourrier demeuré auprès de lui. Après l'attaque qui échoue, deux soldats le rapporteront enveloppé dans son capuchon, sur un brancard.

A l'extrême-gauche, vers Villers-Saint-Genest, le champ de bataille présente depuis 16 heures, un aspect des plus impressionnants. Des bois de Betz et de

tenant-colonel de Pirey, qui commandait le 60° comme chef de bataillon. Blessé ce soir-là, il remit au sous-lieutenant Colin une attestation que la famille de ce dernier doit avoir conservée.

Le propriétaire de la ferme, M. Bouffard, confirmera d'autre part que des hommes du 60° ont été ensevelis aux alentours à côté des soldats des 216°, 238° et 298° régiments.

Montrolle, les colonnes du IIe corps débouchent, appuyées par le feu des batteries qui, de Boullarre, inondent le terrain de projectiles aux bordées rythmiques et implacables.

La 61e division, partie le matin de Ville-parisis et débarquée vers 8 heures dans les champs au sud de Nanteuil-le-Haudoin, est portée en avant pour arrêter la marche de ces masses, pendant que le corps de cavalerie Sordet se dirige vers Bargny afin de les déborder. Le colonel Bourdeau voit ces régiments bretons, le 262e, le 316e, le 219e et le 318e, gagner leurs postes de combat en colonnes doubles pendant que les obus fauchent des sections entières. En passant près du lieutenant Roussel, un officier d'État-major lui crie : « Les Prussiens sont battus. C'est la retraite qui va se transformer en déroute si nous allons vite ! » Aussi avance-t-on franchement. La 122e brigade a bientôt dépassé au sud de la ferme du Bois-Milon la ligne des tirailleurs de la 14ᵉ division, le 318ᵉ, dirigé par le commandant Collardet, couvrant le front château de Betz-Bois-Milon — 5oo mètres au nord du bois de Montrolle et ayant à sa droite le 219ᵉ (colonel Stühl) puis le 262ᵉ (colonel Tesson). La route Betz-Acy-en-Multien est à peine atteinte que le feu, jusque-là espacé de l'ennemi, redouble de violence. Le capitaine Roux, qui commande le 5ᵉ bataillon du 318ᵉ, est mortellement atteint, le lieutenant Jonas est également frappé, des hommes tombent nombreux. Petit à petit, des fractions reculent. Une compagnie du 318ᵉ, qui tient dans le fossé de la route, se replie également pour garder le contact en faisant des feux par sections. Les 264ᵉ et 265ᵉ régiments tentent successivement d'avancer par des charges à la baïonnette. Quatre fois de suite, ils sont enlevés sous une grêle de balles mais toutes leurs attaques sont brisées par le feu adverse. Vers 17 heures, les refrains des régiments s'égrènent sur le champ de bataille. Toute la division bat en retraite sur l'unique route de Betz-Nanteuil, sous les coups espacés de l'artillerie allemande. Le lieutenant Brousmiche, du 318e, qui, avec ses hommes et une fraction du 219e, a pris un chemin de traverse, et par Boissy-Fresnois et Peroy-les-Gombries, arrive vers 23 heures à Nanteuil où il retrouve son régiment à la sortie nord-est du bourg. Il apprendra le lendemain que des éléments qui ont tenu dans le parc du château de Betz n'ont pas été inquiétés et qu'ils ont passé la nuit à Boissy, à 8 kilomètres en avant de Nanteuil.

La manœuvre du corps de cavalerie, amené sur le champ de bataille après une marche rapide et épuisante de près de 100 kilomètres, n'a pas donné de meilleurs résultats. On a bien atteint Bargny mais les obus tombent avec rage sur le village. Le corps débouche dans la plaine où les projectiles le poursuivent. Le groupe cycliste de la 1re division, lancé à l'attaque des pièces adverses, est parvenu jusqu'à 400 mètres d'elles, les a même obligées à amener leurs avant-trains, mais n'a pu pousser plus loin. En se rabattant sur Cuvergnon, on a trouvé les lisières du village fortement tenues par de l'infanterie ennemie et des mitrailleuses. Leur feu a causé des pertes sérieuses. En quelques instants, le groupe cycliste est particulièrement éprouvé; il voit mettre hors de combat son chef, le capitaine Drahonnet, grièvement blessé, puis le lieutenant Villeminey qui a pris ensuite le commandement.

Tout le corps rallié à Lévignen se replie en fin de journée sur Nanteuil, laissant un demi-régiment de la brigade Corvisart et les chasseurs cyclistes au contact de l'ennemi dans la direction de Macquelines. De l'avis de tous, la tâche imposée au général Sordet était impossible ou en tout cas, prématurée. « Nous

étions, écrira un témoin, M. Ouy-Vernazobres, une bien petite troupe pour l'armée
allemande et nous pouvions bien peu de
chose contre des fantassins[1]. » Si l'action
du corps de cavalerie n'a pas été décisive,
la démonstration qu'il a effectuée a eu tout
au moins pour effet d'empêcher l'adversaire de tenter le débordement de notre
gauche.

La situation de la 6e armée reste critique.
Sa droite ne peut plus progresser, son
centre tient encore bon, mais la gauche
recule devant les attaques furieuses dont
elle est l'objet. Le général Galliéni sent la
nécessité de la renforcer rapidement. Coûte
que coûte, il lui faut gagner l'ennemi de
vitesse. Une « idée de civil », comme il dira
lui-même plus tard, y pourvoit[2]. A partir

---

1. *Journal d'un officier de cavalerie*, p. 89.

2. Pour beaucoup de Parisiens encore, le général Galliéni restera surtout « l'homme qui a mobilisé les taxis de
la capitale ». Il n'y a pas lieu de donner à cet expédient
plus d'importance que le Gouverneur lui en attribuait lui-

de 14 heures, 600 taxis, réquisitionnés à leurs dépôts ou dans les rues de la capitale, vont prendre une partie des troupes de la 7ᵉ division, à Gagny et à Sevran-Livry et, effectuant deux voyages avec un itinéraire d'aller et un de retour, les transportent, à raison de trois hommes par voiture, deux à l'intérieur et un sur le siège à côté du chauffeur, au sud de Nanteuil-le-Haudouin, pendant que le reste de l'infanterie suit par le chemin de fer et l'artillerie par voie de terre. Dans la soirée, dans la nuit, interminablement, sur la route, des centaines de voitures, silencieuses, tous feux éteints, fendent la masse des colonnes, des convois. Sous la lune qui se lève, on peut reconnaître les casquettes de toile cirée des chauffeurs parisiens et, dans les voitures, des

même. Depuis la première quinzaine d'août, l'autorité militaire utilisait les taxis pour le ravitaillement des troupes. Tout le mérite du général fut d'adopter l'idée suggérée par le commandant Grüs et le capitaine Gheusi et de la faire exécuter sans délai par d'actifs collaborateurs, le capitaine Roy, le lieutenant Lefas, etc.

soldats qui, malgré les secousses et les cahots, dorment profondément.

Ce procédé ingénieux va permettre à ces renforts d'entrer en ligne dès le lendemain matin à la pointe du jour, et d'étayer notre gauche.

Le communiqué officiel de 13 heures est bref : « *Nos armées ont repris contact dans de bonnes conditions avec l'aile droite ennemie sur les rives du Grand-Morin.* » Du combat engagé sur l'Ourcq, pas un mot.

Pour tuer les longues heures de l'attente, le Parisien, désœuvré, se promène dans les rues presque désertes dont les chaussées et les trottoirs vides lui paraissent tout à coup plus larges. Il n'a plus cette vivacité de mouvements, cette allure accélérée qui le faisaient partout reconnaître. Aujourd'hui, il a le temps. Il va aux fortifications ou aux portes de la Ville afin de suivre la marche des travaux. Il surveille l'amoncellement des arbres jetés avec toutes leurs branches au travers de la route, la pose des fils de fer barbelés, la confection des palissades de feuillard qui ferment la grille des barrières et au-devant, le creusement de la tranchée surplombée d'un remblai de terre et de pavés. Ces préparatifs lui semblent inutiles mais il est flatté qu'ils soient entrepris. Le Bois, avec ses pelouses converties en parcs à bestiaux, le fait songer à un immense Comice agricole. Sur le champ de courses de Longchamp, il suppute le nombre des bêtes à cornes qui paissent paisiblement et dénombre les bottes de fourrage.

Montmartre, lui-même, s'est transformé. A la *Lune Rousse*, un ouvroir s'est installé où les pauvres du quartier trouvent à se nourrir. A l'*Abbaye de Thélème*, d'ordinaire pleine de musique et de danses, Mme Maria Vérone, l'avocate à la Cour d'appel, et Andrée Mégard, la belle artiste, ont groupé des femmes sans travail, théâtreuses, modèles, modistes. « Tenez bon, mes petites, dit la vaillante Maria Vérone, à ses ouvrières improvisées. Gardez votre sourire, même si votre cœur est triste. Les Prussiens viendraient-ils que nous les recevrions sans trembler et quelque chose me fait espérer que je réussirais même à leur vendre quelques-uns de nos articles. »

La jeune avocate et, avec elle, un grand nombre de Parisiennes qui se sont données à ces œuvres, montrent ainsi qu'il n'y a pas que sur le champ de bataille qu'on peut, suivant le beau mot d'Henri Lavedan, « servir ».

VI

LA JOURNÉE DU 8 SEPTEMBRE

La bataille reprend, dès le lever du jour, particulièrement violente aux deux ailes, à gauche, de Nanteuil-le-Haudouin à Bouillancy, à droite, de Varreddes à Étrépilly. De la Marne à Barcy, le canon tonne furieusement, les batteries françaises, installées derrière Chambry, tirant à toute volée sur les tranchées creusées par les Allemands dans le fossé de la route qui longe la crête jusqu'à Étrépilly.

Les troupes ont compris enfin la nécessité d'organiser le terrain et, transformant les fossés des chemins, crénelant les murs des jardins, les hommes s'abritent contre la fusillade incessante qui part des hauteurs.

Les tirailleurs indigènes sont en ligne de la route de Meaux à Varreddes au bois de Reuilly ; à leur gauche, se trouvent les tirailleurs algériens. A la Croix du Bordet, dans Chambry, sont les zouaves du général Traffert ; abrités derrière les murs de la rue des Prés, du jardin de l'école, de la rue Sevrée, puis au cimetière et dans le fossé du chemin de Saint-Fiacre, ils subissent sans défaillance les effets d'un feu meurtrier et incessant, qui les cloue sur place dès qu'ils veulent sortir de leurs abris. Cependant des charges à la baïonnette sont menées, sur ce terrain découvert, sous une fusillade plongeante, avec une furie qui fait dire à l'officier de l'État-major de Klück :

« Les troupes françaises semblent très ardentes. Les nôtres tiennent les hauteurs, mais les Français sont des démons, ils chargent sous la mitraille, se font tuer avec allégresse... La vaillance des Français est surhumaine[1]. »

1. *Les Batailles de la Marne,* par un officier d'État-major allemand, p. 45.

L'une de ces charges atteint même les tranchées ennemies mais les Allemands qui ont pu, à l'abri de la crête, amener des troupes de réserve, rejettent les assaillants dans Chambry.

Là, les zouaves, qui ont déjà pris l'aspect des héros de Detaille, sont, à leur tour, comme assiégés par le feu des batteries de Varreddes et de Gué à Tresmes et la fusillade incessante de l'ennemi. Protégés par les murs des maisons et des jardins, ils subissent, impassibles, les nappes de plomb qui arrivent par rafales sur le village, éraflant les façades, arrachant des plâtras, cassant les tuiles, fracassant les vitres.

Au cimetière, situé sur la route d'Etrépilly, pris et repris plusieurs fois, les murs nord et est, écornés par les obus, ont été également crénelés. Devant chaque ouverture, se tient un zouave, remplacé aussitôt qu'il tombe et, à aucun moment, la sanglante faction ne sera interrompue. Les vivants se battent au milieu des morts que les lourds projectiles viennent déterrer pour jeter dans les tombes des restes chauds encore [1]. Plus tard, sur les croix qui les dominent, on relèvera, les noms des capitaines Bigoudot, Picard, des lieutenants Arrighi, Charles Benoît, Denès, Devrot, Hannion, Langlois, Montangis, Henri Nanta, Neurouth, Quillichini, Raillet, Jean Schmidt, du caporal Alaire, des zouaves Albrespy, Sliva, des lieutenants Jaluzot et Lucien Rojot, du 204ᵉ, du capitaine Cartry et du lieutenant Brigaut, du 282ᵉ.

1. M. Fernand Lebert dira que les Français y sont en majorité, 547, suivant un état officiel. Les gens du pays estiment qu'ils sont plus nombreux. Certaines tombes sont particulièrement importantes ; celles qui portent les nᵒˢ 321 et 322 renferment respectivement trente-quatre et quarante-trois de nos braves. Les pertes ennemies furent également très lourdes. 136 Allemands, dont le lieutenant-colonel von Wangenheim, du 14ᵉ chasseurs, sont enterrés sur le territoire de la commune. D'autre part, ajoute M. Lebert, cinquante fourragères ou camions, chargés de cadavres, traversèrent Varreddes dans la nuit du 6 au 7, venant de la région de Chambry. Enfin, les Allemands ont incendié huit ou dix meules et les gens disent qu'ils y ont jeté un certain nombre de leurs morts. (Chambry, p. 12.)

Repris par les Allemands, puis enlevé une nouvelle fois par le 3e *bis* de zouaves, le cimetière restera intenable toute la journée pour les deux adversaires qui se fusilleront dans les fossés du chemin creux de Saint-Fiacre. Les panneaux de fer de la grille sont criblés de trous, la maisonnette du gardien est mise à jour par les projectiles, l'écorce des arbres qui s'élèvent à l'entrée est hachée par les balles. Les zouaves, brisés dans leur élan par le tir des mitrailleuses cachées dans les maïs, rentreront dans le cimetière au soir et y tiendront jusqu'au moment où l'ennemi, écœuré par l'âpreté de la lutte, battra en retraite dans la nuit vers Varreddes.

En arrière du village, les batteries françaises, en position à la fosse d'Automne, près de Mansigny ou au bois de Reuilly, disparaissent dans la fumée des obus, dans le fracas assourdissant des caissons qui sautent. Autour des hommes, c'est la ronde folle des gerbes et des flammes. Cependant, sans une trace d'émotion, les servants qui, pour mieux travailler, se sont mis en bras de chemise, continuent leur œuvre de mort.

Entre Barcy et Marcilly, en avant de la ferme Saint-Gobert, la 109ᵉ brigade tient, depuis 10 heures, sur les pentes de la cote 124, sous les explosions des 105, où les rafales meurtrières des mitrailleuses qui maintiennent les hommes aplatis dans les cultures, rendant toute progression impossible. Cependant une ligne se forme et avance :

« Nous arrivons à hauteur d'un champ de bette-
« raves, note encore le sergent Lauvergnat,
« du 289ᵉ, et, pendant des heures, nous allons
« ramper dans ce champ pour essayer de nous
« rapprocher de la route marquée par une ligne
« de grands arbres que nous apercevons devant
« nous et qui est, paraît-il, occupée par l'ennemi[1].
« Le lieutenant Doumer part tout seul pour

_____

1. Le chemin qui, de Varreddes, mène à Etrépilly et est, en effet, bordé par endroits de peupliers.

« reconnaître le terrain, avec une pelle d'une main
« et un revolver de l'autre. Il revient au bout
« d'un certain moment. Il a aperçu les Boches à
« quelques centaines de mètres. »

Vers 12 heures, le général de Lamaze, accompagné d'un officier de son Etat-major, débouche sur ce terrain battu par la mitraille et, très calme, parcourt les lignes de la 55° division. Le commandant Olivier se porte à sa rencontre et lui demande de ne pas s'offrir plus longtemps en cible à l'ennemi. Mais le chef, indifférent au danger, continue son inspection. Il a tenu lui-même à se rendre compte de l'état de sa troupe. Si celle-ci s'accroche et fait toujours montre d'un excellent esprit offensif, les lourdes pertes qu'elle a éprouvées depuis l'avant-veille, la disparition presque complète des cadres exigent qu'elle soit mise au repos et reconstituée. Quelques heures plus tard, ces régiments vont être relevés et la division Drude, élargissant son front, prendra leur place.

Au nord de la route de Marcilly à Étrépilly, dès l'aube, l'artillerie de la 56ᵉ division, renforcée de batteries de la 55ᵉ division, prépare l'attaque de l'infanterie sur le
plateau qui se trouve à l'est de la ferme de
Champ-Fleury, pendant que l'artillerie de
la 63ᵉ division canonne la ferme de Poligny et le terrain en arrière. Pour fixer
l'ennemi et l'empêcher d'accentuer sa manœuvre d'enveloppement par le nord, on va
tenter de forcer son centre. L'attaque de la
56ᵉ division, commencée au petit jour et
accompagnée par les rafales des 75, se trouve
brisée, avant d'avoir pu se développer, par
la violence du feu adverse. Renouvelée énergiquement à deux reprises, elle doit être
abandonnée. Plusieurs batteries ennemies,
notamment la batterie lourde de Trocy, qui
n'ont pu être repérées, causent de lourdes
pertes à l'infanterie et l'obligent à s'abriter
le long de la route de la chaussée à Puisieux
et au bois Toyeux.

« Ne pouvant repérer les batteries ennemies, le commandant Müller demande l'aide des avions au chef d'escadrille, le capitaine Bellanger. Celui-ci donne un appareil et son pilote. Le capitaine Pellegrain, bien que n'étant jamais monté en aéroplane, remplit la mission d'observateur. L'avion circule au-dessus de la bataille, va jusqu'à Trocy, revient, retourne et comme il n'est pas muni de signaux, l'officier jette chaque fois des plis dans nos lignes, pour faire rectifier le tir. »[1]

Dans la matinée, le 321e a pu pénétrer dans la ferme de Poligny que les Allemands évacuent après y avoir mis le feu. Puis prolongé à gauche, par les 305e et 298e régiments, le régiment de Clermont-Ferrand tente de progresser vers les crêtes qui se trouvent devant lui, et d'où l'ennemi, abrité dans des tranchées, dirige sur les assaillants une fusillade violente. En même temps, ses batteries réglées par des avions,

1. F. Lebert. *L'invasion dans le Nord de Seine-et-Marne*, Puisieux, p. 18.

bombardent Puisieux, où les obus défoncent la toiture de l'église, s'acharnent sur Douy-la-Ramée, envoient des bordées continues de 105 sur la crête à l'abri de laquelle s'est installée l'artillerie divisionnaire. Un projectile, éclatant sur un des observatoires, vient tuer le lieutenant Blanc, les maréchaux des logis Rougier et Roullier, blesse grièvement le capitaine Sabouret et le maréchal des logis Bérat. De véritables tirs de barrage enraient la progression de l'infanterie et lui font éprouver de lourdes pertes. Le commandant Paskiewicz est tué net d'un éclat d'obus, au moment où il donne un ordre ; le lieutenant-colonel Hann est également atteint[1].

Vers la ferme Maulny et Vincy, que des fractions ennemies occupent toujours, la

1. « 8 septembre, notera le capitaine de Naurois, commandant l'escadron divisionnaire, obligés de quitter de bonne heure la ferme de la Fontaine-des-Nonnes où nous avons passé la nuit car les grosses marmites arrivent. Nous trouvons une place excellente au moulin de Rougemont. Nous y passons la journée du 8 et celle du 9. »

bataille n'est pas moins ardente. Le 55e bataillon de chasseurs à pied a dû s'arrêter au chemin qui mène à Acy, cloué derrière la ligne des peupliers par un tir fauchant de mitrailleuses. A 8 h. 30, un bataillon du 298e reçoit l'ordre du général Dolot de pousser jusqu'à la ferme. Avant d'atteindre la ligne des chasseurs et, bien que déployée en tirailleurs à quatre pas, sa première vague est prise sous les gerbes des « maxims ». Partout, des hommes chancellent, croulent. Le capitaine Jean est frappé au ventre, le capitaine Pélade, qui commande le bataillon, est atteint un peu plus loin ; le lieutenant François de la Tour du Pin, qui se tourne de côté pour crier « En avant ! » roule à terre, blessé au flanc droit, le sous-lieutenant Bourilhet est tué.

Au 216e, les pertes ne sont pas moins lourdes. Ce régiment va voir mettre hors de combat les capitaines Cornillon, Paget, l'aspirant Bebon et la ferme de Nogeon,

sur laquelle il se replie et dont il ne sub-
siste plus que quelques pans de murs cal-
cinés, méritera d'être appelée le tombeau
du 216°.

Des hauteurs de Bouillancy, où se trouvent installées les batteries françaises jusqu'au plateau d'Étavigny sur lequel tonnent
les pièces ennemies, un duel d'artillerie
intense est engagé depuis le matin, préparant les assauts des deux infanteries.

C'est en effet l'heure où, sur notre
gauche, Klück, pour échapper à la situation
difficile qu'il a lui-même créée, concentre
tout son effort. Il n'a pu contenir le mouvement débordant de Maunoury qu'en faisant renforcer son front par la II° armée de
Bülow. Mais Franchet d'Espérey a foncé
sur le vide qui s'est ainsi creusé devant lui.
A cette heure, French, bien que très en
retard, marche vers la Marne. La 5e armée,
après avoir enlevé Montmirail, pousse au
nord. Il ne reste plus au chef allemand

qu'à tenter une dernière fois l'enveloppement par le nord.

« Le colonel-général von Klück, inscrit l'offi-
« cier au carnet, a inspecté les postes. Je l'ai
« aperçu. Ses yeux, si brillants d'ordinaire, sont
« ternes. Lui, si énergique, dans toute son atti-
« tude, parle d'une voix molle. Il est tout à fait
« abattu. J'interroge l'oberst. Les services de
« reconnaissance viennent de dévoiler des for-
« mations françaises considérables. Les combats
« d'aujourd'hui ont été terribles pour nous autres.
« Et toutes nos armées, de la Marne à l'Alsace,
« supportent une irrésistible pesée. Quant à
« nous, nous sommes à la veille d'être tournés.
« Il faut parer coûte que coûte à ce danger,
« même par la retraite. »[1]

L'adversaire ne s'y résoudra pas toutefois
sans avoir joué sa dernière carte.

Le IVᵉ corps actif allemand, qui a échappé
aux Anglais à Rebais, puis a franchi la Marne
à Charly, arrive ; il vient s'intercaler entre

—————

1. *Les Batailles de la Marne*, par un officier d'État-major
allemand, p. 50.

le IIe corps et le IVe corps de réserve et débouche à ce moment par Mareuil pour tenter une nouvelle fois de déborder la 6° armée par le nord. La vallée de la Gergogne est déjà toute fulgurante d'éclairs; les crêtes se couvrent d'une sorte de crinière d'éclatements. Répondant aux lourdes pièces allemandes, les 75, dont le tir s'accélère et atteint une cadence furieuse, abattent leurs rafales sur Étavigny dont le clocher qui constitue un observatoire merveilleux, tombe sous leurs coups. Malgré les pertes, les colonnes ennemies n'en progressent pas moins. Betz est déjà en leur possession. La 14e division, prise de flanc, doit refluer; une habile manœuvre la place de suite en potence, face au nord, et elle forme un mur contre lequel va se briser l'effort violent de l'adversaire. Le 60° d'infanterie, bien que décimé, est reporté plusieurs fois en avant par le capitaine Peyrotte, qui en a pris le commandement et tombe peu après grièvement blessé ainsi que les sous-lieutenants Bidaud et Engler.

Mis au courant de la situation, le général Galliéni accourt. Conduite par Jacquelin, l'auto du Gouverneur, dans laquelle se trouve aussi son fidèle ami, le capitaine Gheusi, bondit, fait, après Claye et puis Souilly, encombrés de convois et de réserves, un à-gauche brusque, pique droit au nord par un chemin sablonneux et défoncé et s'arrête à Saint-Soupplets, devant la maison du docteur Bégué où le général Maunoury a installé son quartier-général[1]. A la balustrade du perron, deux drapeaux allemands pendent avec des déchirures dans leur soie.

Tout de suite, le Gouverneur rassure le

1. C'est à la suite de ces fatigues répétées que le général Galliéni souffrit cruellement des premières atteintes du mal qui devait l'emporter un an et demi plus tard. Cependant, pour ne pas quitter son poste, il refusa toujours de se soigner à temps et ainsi rendit fatale l'opération tentée tardivement en 1916. Tant de légendes ridicules ont couru sur les causes de sa mort qu'il importait de remettre les choses au point.

brave soldat ; il a confiance en son sang-froid énergique. Le capitaine Gheusi racontera ainsi plus tard l'entrevue des deux chefs[1].

« L'ennemi a senti le danger de votre offensive sur son flanc, dit le général Galliéni au commandant de la 6e armée ; il a pu ramener en face de vous, depuis hier, des forces importantes ; vous êtes aux prises avec deux et peut-être trois corps d'armée. Dans ces conditions, il est possible que votre offensive se trouve enrayée. N'importe !... Vous fixez l'ennemi, vous le retenez face à l'ouest, tandis qu'au sud, l'arrivée de l'armée anglaise sur la Marne constitue pour lui un danger nouveau. Demain, vous vous maintiendrez encore sur vos positions, en vous accrochant au terrain avec la dernière énergie ; il est peu probable que l'ennemi, qui vient, lui aussi, de fournir un effort énorme pour vous contenir soit en état de vous attaquer vigoureusement demain. Mais, pour parer à toute surprise et vous étayer solidement, je vais porter la 62e division de réserve à Dammartin-Montgé : elle vous servirait de soutien en cas de repli. »

1. *Le général Galliéni pendant les journées de l'Ourcq,* par P.-B. Gheusi. (N° de *La Renaissance* du 2 septembre 1916.)

« Il faut tenir coûte que coûte », a dit le Gouverneur en quittant le général Maunoury. Celui-ci, à son tour, demande au général Boëlle de se faire au besoin tuer sur place. Et on ne reculera plus. Toutes les attaques ennemies vont se briser contre la défense acharnée des 7ᵉ, 14ᵉ et 61ᵉ divisions.

La 7ᵉ division, venue s'intercaler entre la 14ᵉ et la 61ᵉ, est engagée vers Bouillancy ; elle réussit, après une journée très dure, où les attaques et les contre-attaques se succèdent sans interruption, à maintenir toutes ses positions. Le colonel Drouot a même pu faire progresser le 104ᵉ jusqu'aux fermes Gueux et le Château. La 61ᵉ division, exténuée de fatigue, ayant épuisé depuis deux jours ses vivres de réserve, est reportée de Nanteuil sur la route de Betz ; après avoir subi toute la journée le feu de l'artillerie ennemie, elle tient du Bas-Bouillancy aux bois qui couvrent le fond du vallon de

Macquelines; au soir, la 121ᵉ brigade a même pu prendre pied dans le bois de Montrolle. Les Allemands, selon leur habitude, font mine de se rendre et, au dernier moment, démasquent des mitrailleuses qui fauchent les soldats des régiments bretons.

Il n'en apparaît pas moins clairement à cette heure que la 6ᵉ armée, après trois jours de combat, est impuissante à rejeter l'ennemi au delà de l'Ourcq. On envisage même l'abandon des positions défendues pendant la journée et des mesures sont prises pour l'organisation d'une position de repli sur la ligne Le Plessis-Belleville-Saint-Soupplets-Monthyon.

Dans l'après-midi, les premières bonnes nouvelles arrivent à Paris. On a peine à les croire exactes : « *A l'aile gauche, les armées alliées, y compris les éléments de la défense avancée de Paris, sont en progression continue depuis les rives de l'Ourcq*

jusque dans la région de Montmirail. L'en-
nemi se replie dans la direction de la Marne,
entre Meaux et Sézanne. »

Toute une foule, des femmes, des enfants, des vieux, s'est portée vers l'est au-
devant des prisonniers, des nouvelles, au
milieu d'un va-et-vient continu de soldats, de voitures, d'autos transportant des
hommes, ramenant des blessés, emportant
des vivres. Au Bourget, l'encombrement est
tel que le général Galliéni qui rentre dans
Paris doit mettre pied à terre et, avec ses
compagnons, marcher au milieu des groupes.

Une femme du peuple, très belle et qui,
dit le capitaine Gheusi, ressemble à la République d'Injalbert, vient droit au Gouverneur pour l'interroger. Trois enfants
s'accrochent à ses jupes ; dans ses bras de
fière nourrice, elle tient le quatrième, un
poupon de quelques mois.

— Mon homme se bat par là, dit-elle. On
nous a dit que ça allait bien ?

— Vous auriez dû, avec vos enfants, retrouver des parents, des amis de province, conseille le chef. On ne sait jamais. Pourquoi êtes-vous encore à Paris ?

— Vous y êtes bien, vous ? riposte la mère avec simplicité.

Dans la rue Lafayette, où on attend un convoi de prisonniers qui ne viendra pas, car on l'a dirigé sur la Grande-Ceinture, la foule acclame le Gouverneur. Celui-ci fronce les sourcils et moitié riant, moitié fâché, dit à ses compagnons :

— Il faudra rentrer désormais par une autre route [1].

Des nouvelles inespérées filtrent sur les boulevards. Les armées allemandes sont battues à Meaux, à Sézanne, et reculent en désordre. Victoire encore à Montmirail. Cependant, les Parisiens, s'ils se réjouissent, attendent avant de manifester leur

1. *Le général Galliéni pendant les journées de l'Ourcq,* par P.-B. Gheusi. Cf.

joie, la confirmation officielle de ces bruits.

A Saint-Étienne-du-Mont, se termine le triduum en l'honneur de sainte Geneviève. La châsse de la patronne de Paris resplendit de la flamme de milliers de cierges. Au dehors, sur la place, la foule massée prie et chante le *Parce Domine* pendant que le canon tonne sans interruption et que l'écho affaibli de la bataille vient mourir aux portes de la Cité.

VII

LA JOURNÉE DU 9 SEPTEMBRE

C'est la journée la plus dure, la plus critique de cette lente victoire[1]. Dès le matin, les positions de Barcy, Marcilly et Chambry sont battues par le feu continu des pièces lourdes ennemies. A Barcy, la grosse cloche de l'église, trouée d'un éclat d'obus, s'effondre sous le porche, dans un bruit de tonnerre, et le fracas de sa chute couvre un instant celui de la bataille. Les obus s'acharnent également, à côté, sur la ferme Dhuicque, convertie en ambulance et signalée par un drapeau de la Croix-Rouge, fait d'un chiffon blanc et de deux bandes de tricot

---

1. « Ma plus émouvante journée fut celle du 9 », nous dira plus tard dans une interview le général Maunoury.

rouge, qui claque à l'extrémité d'une longue perche. Le dernier projectile vient tuer vingt-trois blessés, étendus côte à côte sur des brancards.

Le tir de l'adversaire est cependant moins violent que les journées précédentes. Nos chefs attendent avec impatience l'intervention de l'armée britannique, qui aurait déjà dû se produire. Mais on apprend que son 3e corps, qui forme la colonne de gauche, retardé dans son passage à la Ferté-sous-Jouarre, ne pourra déboucher en entier sur la rive droite que le lendemain. Il faut tenir encore vingt-quatre heures au moins. Klück laissera-t-il ce répit à la 6e armée ? Depuis trois jours, la plupart des troupes n'ont pris aucun repos et presque aucune nourriture, bien que les ravitaillements soient prêts et à leur place. Mais les distributions n'ont pu se faire par suite de la violence de la lutte qui se poursuit, nuit et jour, sans relâche.

Cependant, les attaques furieuses lancées

par les Allemands vers Étrépilly, sur le centre de l'armée de Paris, ont échoué. Dans la nuit, inquiets de la pointe poussée par l'avant-garde de la 8ᵉ division jusqu'à Germigny-l'Évêque, ils ont fait sauter les ponts sur la Marne et le canal. A midi, des zouaves, des Marocains, ont même pénétré dans Varreddes, transformé en charnier. Le 47ᵉ régiment d'infanterie prussien, qui défendait le village, s'enfuit précipitamment par la route de Soissons, poussant devant lui seize otages, dont quinze vieillards et un enfant, qui vont accomplir un long et douloureux calvaire[1].

---

1. M. F. Lebert dans la brochure qu'il a consacrée à Varreddes citera parmi eux : l'abbé Fossin, âgé de soixante-seize ans, qui devait être fusillé le lendemain à Lizy ; M. Jourdaine, âgé de soixante-treize ans, tué à l'entrée de Coulombs ; M. Millardet, âgé de soixante-dix-neuf ans, tué, le 10, à Chézy ; M. Vapaille, tué le 10 à Brumetz ; MM. Croix et Terré, achevés à coups de revolver à Chouy ; M. Liévin, fusillé dans le cimetière de Chouy ; M. Ménil, assommé en cours de route à coups de crosse. Les survivants, internés en Allemagne dans un camp de prisonniers, seront soumis à de cruels traitements. Trois seulement rentreront dans leurs foyers, le 27 février 1915.

De 5 heures à 12 heures, le tir des batteries ennemies s'acharne sur Marcilly et des témoins diront que, jamais, il n'aura été aussi violent, puis, soudain, il diminue d'intensité. Grâce aux indications fournies par l'avion mis à la disposition de l'artillerie, le groupe Baratier, de la 56e division, est parvenu à réduire au silence la batterie lourde de Trocy. Les débris de matériel trouvés dans le village quand les Français y pénétreront, témoigneront des effets heureux de ce tir de destruction. Des salves sur les tranchées qui bordent la route d'Étrépilly à Vincy restent sans réponse. Une forte reconnaissance envoyée vers la ferme de Champ-Fleury est accueillie par une décharge de mitrailleuses[1]; une pre-

1. Le lieutenant Louis Thomas, alors caporal au 66e bataillon de chasseurs à pied, qui reçut sa première citation pour avoir, le 6 septembre au soir, établi la liaison entre les 56e et 63e divisions, avait été en patrouille à la ferme de Champ-Fleury, le 7 ou le 8 au soir, vers 22 heures avec trois cyclistes et n'y avait trouvé qu'un chat abandonné. Les Allemands l'avaient depuis réoccupée et organisée.

mière attaque, menée en forces, se trouve brisée avant d'avoir pu aborder la position. On se décide alors à faire donner l'artillerie. En quelques minutes, la hauteur s'enveloppe d'un nuage et devient invisible. A 10 heures seulement, le 66e bataillon de chasseurs à pied, soutenu par des fractions du 354e, s'élance, pénètre par les brèches faites dans les murs, massacre une centaine d'Allemands qui se défendent avec acharnement. Dans la plaine, on voit des colonnes s'engager sur la route de Lizy. C'est la retraite qui commence.

Mais la 6e armée ne verra pas encore, ce jour-là, la victoire couronner son pénible sacrifice. Il semble même que, jamais, depuis le début de la bataille, la situation n'ait été plus grave. A gauche, en effet, depuis l'aube, la canonnade atteint une intensité considérable. Les positions françaises, repérées par des avions de réglage, sont soumises au tir précis des batteries lourdes. Vers 12 heures le IVe corps actif débouche des bois qui bordent la Grivette, se porte en deux colonnes sur nos lignes dans une direction nord-sud. La première, partie d'Antilly, aborde et enlève le bois de Montrolle, la deuxième, sortant de Betz, s'empare de Villers-Saint-Genest. Sous cette poussée, les lignes de la 61e division ploient, s'incurvent vers Boissy-Fresnoy. A 12 heures, le 219e est en pleine retraite, le 262e recule sur Villers-Saint-Genest. Les Allemands occupent Macquelines; ils sortent en masses du bois de Montrolle.

La 5e brigade de dragons et une batterie font tête à une colonne ennemie qui débouche de Villers-Cotterets, l'obligent à se déployer et à s'abriter à la corne ouest de la forêt. Elles sont renforcées quelques instants plus tard par l'arrivée de deux brigades de la 3e division de cavalerie, sous les ordres du général de Lastours.

A 13 heures, un sous-officier de liaison

apporte au chef de bataillon Collardet, qui commande le 318ᵉ, l'ordre verbal de se replier. Le vaillant chef réclame un ordre écrit. Ce n'est que vers 15 heures 30 qu'on le lui envoie. Le régiment effectue son repli en bon ordre malgré des tirs convergents de mitrailleuses sous lesquels les hommes tombent nombreux. Des officiers sont mis hors de combat, le lieutenant Salaün est tué, le lieutenant Brousmiche, blessé.

On retrouvera, quelques jours plus tard, à cinquante mètres du bord de la route, le corps du lieutenant Salaün. Les Allemands lui ont pris son képi, son sabre, son revolver, son lorgnon, son sifflet, ses jumelles mais ont oublié son carnet de route, sur lequel le vaillant officier a eu le courage de tracer ces dernières lignes avant sa mort :

9 septembre : une tranchée. Enterrement de C.... et de S.... (deux de ses hommes) tués par un

obus. Je suis avec un peloton de la 17°. Deux tranchées. Duel d'artillerie. Face à Betz. Beau temps. Aéroplanes. A gauche, des bois et des mouvements de troupes.

14 heures. Mon bataillon est en dernière ligne, isolé, sacrifié. Le reste est en retraite. Nous sommes ici pour l'honneur...

Ce n'est pas seulement le régiment mais toute la division qui recule sur la ligne Saint-Pathus-Le Plessis-Belleville. Le 5° bataillon du 317°, qui est à Boissy-Fresnoy, et dont le lieutenant Aublin a pris le commandement, après que son chef, le commandant Rolin, malade, a dû être évacué, doit rétrograder également pour ne pas être cerné.

A 10 heures, de nouvelles colonnes allemandes débouchent de Rozières et de Baron, se dirigeant sur Nanteuil-le-Haudoin. Laissant sur le plateau de Lévignen le général de Lastours avec deux brigades de la 3° division de cavalerie, le général

Bridoux, qui a pris la veille, au pied levé, le commandement du corps de cavalerie, se porte franchement, avec la 1re division et la brigade Léorat, vers le sud-ouest dans l'intention de prendre pied sur le plateau de Rozières et d'aborder de flanc ces colonnes en marche.

Le 5e dragons, de la brigade Léorat, attaque à pied Rozières, déjà aux mains de l'adversaire, y pénètre mais n'arrive pas à nettoyer complètement le village. Ce succès a permis néanmoins à la 1re division de se déployer sur le plateau. Ses batteries, qui se sont avancées à découvert jusqu'à la ferme de la Montagne, canonnent vigoureusement l'ennemi et l'obligent à se replier en désordre dans le bois de Montlognon. Une brigade, qui a mis pied à terre, progresse d'une façon sensible, quand des tirs d'écharpe, venant de la direction de Rozières, s'abattent sur la ligne des cavaliers ainsi que sur les batteries. En même temps, des éléments d'infanterie s'infiltrent dans les bois entre la corne sud de Rozières et celle d'Ormoy-Villers, menaçant de couper la 1re division de la 3°. Un obus vient tomber à quelques mètres du général Bridoux, qui se trouve à ce moment, avec son État-major, derrière le mur du parc de Beaulieu. La fusillade jette le désordre dans les rangs. Les escadrons rompent et se reforment à l'extrémité ouest du plateau à hauteur de la ferme Beaulieu.

L'entrée en ligne de ces nouvelles colonnes oblige le commandement à modifier ses projets. A ce moment, on est loin de songer à l'enveloppement de l'aile droite allemande. Les renseignements font connaître que l'ennemi est encore en forces dans la direction de Baron et de Montlognon. On croit Senlis occupé. Le corps de cavalerie, à découvert sur le plateau, se trouve au centre d'une zone dangereuse dont il lui faut sortir à tout prix pour rejoindre les lignes françaises. Il va tenter de passer par Montepilloy et Borest. Après avoir marché toute la nuit, il atteindra Beaumarchais. C'est là que, vers 15 heures, les cavaliers apprendront, surpris et joyeux, que la bataille de la Marne est gagnée.

L'intervention du corps de cavalerie a pu gêner momentanément le débouché des renforts ennemis ; elle ne l'empêche pas. Le 6ᵉ bataillon du 317ᵉ, qui défend Droiselles, recule. Malgré les efforts désespérés du capitaine de Baulny, qui reporte en avant une compagnie dont tous les officiers ont été mis hors de combat, le remblai de la voie ferrée, sur lequel se tient, jusqu'au dernier moment, le lieutenant-colonel Prévost, doit être abandonné[1]. Le capitaine de Parfouru, le lieutenant Wimpfen viennent d'être mortellement blessés. Sur la grande

---

1. Le capitaine Charles Ogier de Baulny devait tomber le 26 septembre suivant en même temps que le lieutenant-colonel Prévost.

route de Paris à Soissons et entre la route
et la voie ferrée, des régiments de la 7e division déferlent, abandonnant Nanteuil en
flammes. Ils se replient jusqu'à Silly-le-
Long et Ognes. Le colonel Farret, qui a
pris le commandement de la 13e brigade, en
remplacement du général Lancette blessé,
s'apprête à défendre cette ligne.

Mais, déjà, le général Galliéni est arrivé.
M. Gheusi a raconté qu'un général, rece-
vant l'ordre de reprendre l'offensive, lui
montra, ce soir-là, ses troupes exténuées,
sans sommeil et sans vivres depuis trente
heures et répondit : « C'est impossible. »
Le Gouverneur, lui mettant alors la main
sur l'épaule : « Faut-il que j'ai entendu,
lui dit-il, et je vous relève tout de suite, ou
que vous n'ayez rien dit, et vous marchez
immédiatement. »

Le général, un brave parmi les braves,
subissant ce magnétisme impérieux, se
redressa et, saluant le commandant des

armées de Paris, jeta ses hommes dans la fournaise. Le 1ᵉʳ bataillon du 102ᵉ, entraîné par le commandant Wilbien, se fait hacher. A 15 heures, un groupe du 44ᵉ d'artillerie vient prendre position au nord-ouest de Sennevières et là, infatigable, jusqu'au soir, couvrira de mitraille les champs de betteraves et les hauteurs par où tentent de progresser les masses adverses, « toutes ses pièces crachant leur feu rageur à la face du soleil »[1]. Quelques jours après, un officier comptera dans un étroit espace, dix-sept cents cadavres ennemis. « Et ce n'est pas fini », ajoute-t-il.

Au soir, on tient sur la ligne Silly-le-Long-Ognes-Brégny-Puisieux-Étrépilly. Le général Boëlle installe son quartier-général à Saint-Pathus qui est mis en état de défense. Cependant, pour parer à toute éventualité, il est prescrit aux troupes du camp retranché

1. Paul Lintier. *Ma Pièce.*

de prendre le lendemain matin, à 6 heures, leurs positions de combat. En même temps, la brigade de fusiliers marins et deux bataillons et demi de zouaves, en réserve, reçoivent l'ordre de se rassembler à 9 heures, sous les ordres du contre-amiral Ronarc'h, dans le ravin de la Morée, à la disposition du Gouverneur. Une brigade de spahis, qui vient de débarquer, doit également se porter dans la région de Bondy-Bobigny-Drancy.

Les troupes sont exténuées et cependant, à la suite des progrès de la 5e armée et de l'armée britannique, le général en chef va leur demander un nouvel effort. Dans la nuit, l'ordre arrive en effet à la 6e armée de reprendre l'offensive le lendemain matin, de gagner du terrain vers le nord pour rechercher l'enveloppement de l'ennemi; le corps Bridoux contribuera à ce mouvement en agissant sur son flanc et ses derrières. D'autre part, la Tour Eiffel vient

d'intercepter un radio de Marwitz à Klück :
« Dites-moi exactement où vous êtes, porte-
t-il, et ce que vous faites. Hâtez-vous, parce
que X. X. X...[1] ». Marwitz qui, en effet,
depuis quarante-huit heures, soutient l'offensive de toute l'armée French, cède et
abandonne le Petit-Morin. Un détachement
de cavalerie anglaise « a traversé les escadrons allemands avec autant de facilité
qu'un canif dans de la toile d'emballage »,
dira le maréchal French. Il faut exploiter
cette situation.

Déjà, dans la soirée, les avant-postes de
la 56e division, qui gardent le contact, signalent un mouvement de retraite de l'ennemi
et l'évacuation de Trocy qui est occupé
aussitôt. D'autres renseignements font connaître que, protégé par la barrière Nanteuil-

1. Le général Clergerie qui rapporte le fait ajoute que
l'officier du chiffre, qui lui communiqua ce message, était
très embarrassé pour interpréter ces trois X. X. X...
Adoptant le langage du soldat, le chef d'État-major du gouvernement militaire de Paris, lui dit : « Traduisez, je f...
le camp ».

Étavigny, l'ennemi évacue Betz. Mais les soldats ignorent ces heureux présages. Ils ne connaissent même rien de la bataille de la Marne.

« Le 9 septembre au soir, a dit un officier de la 14ᵉ division, après cinq jours et cinq nuits de lutte, décimés, harassés, affamés, cernés de tous côtés, nous nous sommes couchés sur la terre nue, n'ayant plus au fond de nos âmes que la résolution de nous faire tuer le lendemain matin afin d'accomplir l'ordre reçu. *Là où l'on ne pourra plus avancer, on se fera tuer sur place.* Le 10, à l'aube, nous avons repris nos armes et, la bouche sèche, le cœur gros, nous sommes repartis vers l'ennemi. Il n'y avait plus d'ennemi; il était en retraite [1].

---

1. Le lieutenant Roussel, du 262ᵉ, aura la même impression : « Nous croyions la bataille perdue... » écrira-t-il.

VIII

LA VICTOIRE

Dans la soirée du 9, Klück a pris en effet
la seule décision qui s'imposait. Il a bien
maintenu et refoulé la 6ᵉ armée mais, en
creusant une large brèche à sa gauche,
dans la IIᵉ armée, il a facilité l'avance
de l'armée britannique, permis la marche
triomphale de Franchet d'Espérey, et fourni
à Foch l'occasion d'une riposte foudroyante
dans le flanc gauche de l'armée de Bülow
et par cette brèche, la victoire française a
passé. A cette heure, les IIᵉ et IIIᵉ armées
sont bousculées les unes sur les autres. La
Iʳᵉ se trouve prise entre les deux branches
d'un formidable compas, l'armée Maunoury et le corps britannique qui avance

enfin. « A contre-cœur, dit une relation allemande, Klück a lancé l'ordre de retraite générale vers le nord. » Son armée, ralliée audacieusement, a déjà commencé son mouvement de repli vers Compiègne et Soissons ; elle entraîne l'armée de Bülow, qui, à son tour, entraîne l'armée de Hausen, puis, par répercussion, ce recul détermine celui des troupes du duc de Würtemberg et du Kronprinz.

L'officier allemand au carnet écrit : « A Lizy, la retraite s'organise... Si on peut appeler organisation, cette débandade. » En effet, les mêmes soldats qui, quelques jours auparavant, demandaient d'un ton arrogant le nombre de kilomètres les séparant encore de « Parisse » où ils devaient faire leur entrée triomphale, à la suite du Kaiser, remontent précipitamment vers le nord. Toutes les armes sont mêlées, les unités confondues. Sur la chaussée, l'artillerie en colonne, au trot, avec les conducteurs fouaillant vigoureusement les chevaux exténués, les innombrables convois que toute armée traîne après elle ; sur les bas côtés de la route ou sur les trottoirs des rues, s'infiltre et se bouscule la cohue des fantassins marchant d'un pas trébuchant et précipité, la tête basse, tandis qu'à chaque instant, à cheval ou en auto, des chefs écartent brutalement le flot de ce troupeau pour gagner de l'avant[1].

Le 10 septembre, dès l'aube, le soleil éclaire largement la plaine. Sur la ligne des avant-postes, les soldats échangent encore quelques coups de feu avec des groupes qui se replient. Puis, c'est le silence. On est d'abord surpris de ne plus entendre

1. Un Parisien qui se trouve en villégiature à Villers-Cotterets et voit défiler dans la forêt de Compiègne les longues colonnes qui battent en retraite fera la même remarque : « Ce jeudi-là au soir, dira-t-il, nous avons vu revenir de trois à cinq mille Allemands, c'était la retraite, on pourrait dire la débandade. Ils passaient sur la route, les divers corps et les différentes armées mêlés en un véritable fouillis. Nous avons compté dix-huit numéros de régiments différents. »

le canon qui, la veille, tonnait avec tant de violence, de ne plus voir les colonnes de fumée noirâtre des 105. On se méfie. Le commandant, de son côté, n'est pas sans inquiétude sur la journée qui se prépare. De Chambry à Silly-le-Long, les lignes de la 6e armée présentent un front coudé de plus de trente kilomètres qu'il est presque impossible de défendre. On s'attend à une nouvelle lutte, plus dure encore que celle de la veille. Partout, on est décidé à se faire tuer sur place plutôt que de reculer. Cependant, jusqu'à 10 heures, c'est le calme complet.

A ce moment, l'ordre parvient de se porter en avant. Les Allemands sont partis ! La nouvelle se propage en quelques instants sur tout le front. Les patrouilles du 102e pénètrent dans Nanteuil, qui brûle encore, en chassent quelques traînards qui se défendent mollement. A droite, on atteint Acy, où l'église est rouge de sang. La

45e division s'ébranle pour suivre la rive gauche de l'Ourcq à partir de Lizy. On avance partout sur le champ de bataille qui n'est plus qu'un vaste charnier, d'où montent, par bouffées, des odeurs d'incendie, de décomposition, qui imprègnent la peau, les vêtements et remplissent l'horizon, dans l'implacable pureté du ciel. Les routes et les champs sont jalonnés de Lebels et de Mausers, de chargeurs et de cartouches, de képis et de casques, de douilles et de longs paniers d'osier encore remplis d'obus jaunes et bleus, de chevaux morts, la langue pendante et baveuse, qui pourrissent déjà, gonflés comme des outres et menaçant le ciel de leurs pattes raidies. Puis, des papiers sales, des chiffons, des bottes, des boîtes de conserves, des milliers de bouteilles vides et des bouteillons noircis de fumée, comme si toutes les poubelles de la capitale avaient vidé leur contenu sur le terrain. Enfin, le long des pentes, dans les cultures, partout, semblables à des coquelicots, des grappes de lignards, aux culottes rouges, aux figures déjà méconnaissables, la peau noire et déjà grouillante. Ces poupées ballonnées, ce sont les fantassins qui sont tombés en reprenant la France à la baïonnette.

Le 289e pénètre dans Barcy qui, durant près de soixante-douze heures, du 6 au matin au 9 à midi, a été soumis à un épouvantable bombardement et est à moitié détruit.

« Jeudi 10 septembre, note le sergent Lauver-
« gnat, et nous allons être témoins du spectacle
« épouvantable de la bataille. Dans Barcy en
« ruines que nous traversons, des soldats afri-
« cains gisent enchevêtrés, comme noués les uns
« aux autres. Il y a du sang partout, des cadavres
« de chevaux, de mulets, d'ânes en quantité et
« nous commençons d'être incommodés par
« l'odeur intolérable qui se dégage de ce char-
« nier. »

A Vincy, une couche de paille épaisse a transformé l'église en écurie. Des matelas, traversés de sang, y traînent encore avec d'innombrables bandes de pansements souillées. L'eau rouge et sale d'une cuvette déborde sur l'harmonium resté ouvert, tandis que des bouteilles vides font de l'autel un comptoir sacrilège. De la grande ferme qui occupe le centre du village, il ne reste plus que deux murs qui achèvent de se calciner ; au milieu de la cour, le fumier brûle plus lentement : il se consumera ainsi pendant deux semaines.

A midi, les avant-gardes sont à Lévignen. Elles poussent maintenant sur Auteuil-en-Valois à droite et Crépy-en-Valois, Séry et Magneval, à gauche. Mais leur marche ne peut être rapide car les hommes ont été jusqu'à l'extrême limite de leurs forces et leur âme, seule, les porte. D'autre part, la nécessité de maintenir la liaison à droite avec l'armée britannique, de refouler les fortes arrière-gardes qui protègent le repli de l'adversaire ne permet pas de poursuivre aussi rapidement que l'exigerait la situation.

Le soir du 10, le front de la 6° armée atteint seulement la ligne Ormoy-Villers-Lévignen-Thury-Cuvergnon. On ne considère pas le danger comme définitivement écarté ; Klück recule, mais il n'est pas battu, un retour sur Paris est envisagé comme encore possible ; des renseignements confirment d'autre part qu'un groupement important se forme à Amiens.

Enfin, la cavalerie, dont le rôle est d'exploiter la victoire, est insuffisante et trop fatiguée pour accomplir sa mission ; elle a déjà atteint, selon le terme du règlement, « l'extrême limite des forces des hommes et des chevaux ». Les chevaux, surtout, jamais dessellés, alertés à toute heure, parfois sans avoir mangé, le plus souvent sans avoir bu, blessant sur le dos, ne sont plus que l'ombre d'eux-mêmes.

« Je n'oublierai jamais, écrira un officier de la 1ʳᵉ division, l'odeur effroyable qui flottait sous bois par cette nuit encore chaude de septembre, sur le passage de la division. Depuis quatre jours, les chevaux n'avaient pas été dessellés, un grand nombre étaient blessés et ces plaies, qui commençaient à s'infecter, dégageaient une odeur de pourriture intolérable, comparable seulement à l'odeur de bête fauve laissée par les Allemands, dans Nanteuil dévasté. »

La 1ʳᵉ division et la brigade Léorat ont dû, dans la nuit du 9 au 10, se dérober et chercher une issue vers Senlis. La 5ᵉ, qui a, le 8 au soir, réussi à déboucher au sud de l'Ourcq, a passé la nuit dans la forêt de Villers-Cotterets, coupant les communications de l'armée de Klück avec Soissons, arrêtant ses estafettes, détruisant ses lignes téléphoniques. Le lendemain, elle enlève des convois, canonne un parc d'aviation, puis, menacée d'être encerclée, réussit à gagner Compiègne où le lieutenant de Lastours va déposer aux pieds de la statue de Jeanne d'Arc, les bottes de fleurs dont il a les bras chargés.

Du 10 au 20, ces divisions, réunies, vont engager une poursuite latérale à grande envergure sur Roye, Ham et Saint-Quentin, commençant cette « course à la mer » dans laquelle elles vont se couvrir de gloire.

Seule, la brigade Gillet a été à même d'entreprendre, le 10 au matin, la poursuite directe de l'ennemi. Son avant-garde, commandée par le lieutenant de Rohan, du 27e dragons, le même qui, passé plus tard sur sa demande dans les chasseurs à pied parce que, dira-t-il, « dans cette arme il y a plus à faire », et tombera le 13 juillet 1916 à Barleux, atteint Lizy-sur-Ourcq dans la matinée et y fait prisonnière une ambulance allemande avec cinq médecins, trente infirmiers en armes, deux cents blessés et cinquante traînards qui cherchent à se mettre sous la protection de la Croix de Genève. Dans la soirée, la brigade établit la liaison à Gandelu, sur le Clignon, avec l'armée britannique.

L'artillerie a supporté les mêmes fatigues ; elle n'a plus de munitions. La pluie,
qui commence à tomber, retarde encore la
marche des colonnes et c'est sous une formidable averse que la 6ᵉ armée atteint
l'Aisne aux environs de Soissons le 12 au
soir. Un des passages les plus importants,
le pont de Pommiers est coupé par une
explosion au moment où la patrouille
d'avant-garde des escadrons divisionnaires
n'en est plus qu'à cinq cents mètres.

Dès le lendemain, une nouvelle bataille
s'engage qui va durer plus de trente mois.
La guerre de tranchées est commencée,
qui va donner aux Alliés le temps de lever
de nouvelles armées et de construire un
matériel qui leur faisait défaut.

Bien que l'exploitation du succès rem-
porté par la 6ᵉ armée ne fût pas totale, la
victoire de l'Ourcq, préparant et entraînant
la victoire de la Marne, barrant à l'ennemi

la route de Paris, n'en était pas moins belle. Pendant cinq jours et cinq nuits, sept divisions françaises, dont cinq de réserve, avaient tenu tête à neuf divisions allemandes, comptant parmi les meilleures troupes de l'Empire et pourvues d'un matériel très supérieur. Trois drapeaux, vingt-sept canons, 2.000 prisonniers, Paris sauvé[1], soixante kilomètres de terrain gagnés, tels étaient les brillants résultats acquis le 10 septembre par des troupes qu'un témoin trouvait dès le 6, « hallucinées de fatigue ».

S'adressant de Claye, ce jour-là, à ses soldats, le général Maunoury pouvait leur dire :

« La 6ᵉ armée vient de soutenir pendant cinq jours entiers, sans interruption ni accalmie, la lutte contre un adversaire

---

1. Le général Galliéni écrivant à M. Fleury-Guaglino, lui disait à propos de la bataille de l'Ourcq : « Cette manœuvre a sauvé Paris et aussi l'armée entière qui allait être débordée et rejetée vers l'est, coupée du reste de la France. »

nombreux et dont le succès avait jusqu'à présent exalté le moral. La lutte a été dure; les fatigues dues à la privation de sommeil et parfois de nourriture ont dépassé tout ce que l'on pouvait imaginer; vous avez tout supporté avec une vaillance, une fermeté et une endurance que les mots sont impuissants à glorifier comme elles le méritent.

Camarades, le général en chef vous a demandé, au nom de la Patrie, de faire plus que votre devoir; vous avez répondu au delà même de ce qui paraissait possible. Grâce à vous, la victoire est venue couronner nos drapeaux. Maintenant que vous en connaissez les glorieuses satisfactions, vous ne la laisserez plus échapper.

Quant à moi, si j'ai fait quelque bien, j'en ai été récompensé par le plus grand honneur qui m'ait été décerné dans une longue carrière, celui de commander des hommes tels que vous.

C'est avec une vive émotion que je vous

remercie de ce que vous avez fait, car je vous dois ce vers quoi étaient tendus depuis quarante-quatre ans, tous mes efforts et toutes mes énergies : la revanche de 1870.

Merci à vous, et honneur à tous les combattants de la 6ᵉ armée »

Grâce aux « miettes » de l'armée française, l'armée allemande n'est plus dès lors *l'invincible*. On peut dire que le flanc de la bête a été, sur l'Ourcq, irrémédiablement ouvert. Si elle a paru reprendre, sur l'Aisne, son équilibre, si elle témoigne depuis, qu'elle est encore capable de formidables sursauts, elle n'en garde pas moins dans la plaie le trait mortel. Honneur à tous les combattants de la 6ᵉ armée !

Ce n'est que par bribes, par lambeaux que Paris apprend la nouvelle de la victoire.

Le 10, le communiqué de 23 heures, de la veille, donne encore l'impression que la lutte demeure acharnée. « *A l'aile gauche, toutes les tentatives allemandes pour rompre celles de nos troupes qui se trouvent sur la rive droite de l'Ourcq ont échoué.* » A 15 heures, à la place réservée ordinairement par le metteur en pages au bulletin officiel, un blanc : un blanc qui fait naître toutes les appréhensions. Et cependant, de cette grande ville, il ne monte pas une plainte, pas une récrimination. Il semble que Paris sente que de son attitude, de son sang-froid dépend le sort de la bataille engagée et la Ville tend ses nerfs pour mieux supporter le coup et obéir au devoir sacré.

Vers 18 heures, comme une lueur d'espoir, apparaît sur les boulevards un drapeau allemand déchiqueté, rapporté par une automobile qui se rend au Gouvernement militaire. La foule se presse autour de la voiture, interroge les porteurs du précieux trophée. Ceux-ci racontent que, se trouvant en mission près de Senlis, à proximité du champ de bataille, un officier est venu à eux, ne voulant pas, en pleine action, distraire de son escadron quelques hommes, leur a dit : « Prenez ce drapeau et portez-le à Paris pendant que nous retournons au combat »[1].

Malgré cet éclair, la soirée et la nuit paraissent longues à beaucoup.

Il faut attendre encore le lendemain pour que les transes qui ont fini par gagner les plus courageux s'évanouissent. Les deux communiqués de la journée causent dans Paris un long frémissement. Celui du 10, 22 heures, dit en effet : « *A l'aile gauche, les troupes anglo-françaises ont franchi la Marne entre la Ferté-sous-Jouarre, Charly*

---

1. Le capitaine Sonnois, du 3ᵉ hussards, enleva en effet, le 10, le drapeau du 94ᵉ régiment d'infanterie de Poméranie, à Mont-l'Evêque, près de Senlis.

et Château-Thierry, poursuivant l'ennemi en retraite... »

Celui de 15 heures est encore meilleur et déchire le voile tendu entre la Ville et la Bataille. Par ces lignes, si minces sur le papier mais qui dégagent tant d'émotion, Paris apprend enfin que les Allemands, battus, reculent :

« *L'autorité militaire française s'est attachée à ne donner que des nouvelles exactes.*

Ainsi que nous l'avons annoncé, une bataille est engagée depuis le 6 septembre, sur le front s'étendant d'une façon générale de Paris à Verdun.

Dès le début de l'action, l'aile droite allemande qui avait atteint, le 6, la région au nord de Provins (armée commandée par le général von Klück) se voyait obligée de se replier devant la menace d'enveloppement dont elle était l'objet.

Par une série de mouvements habiles et rapides, cette armée parvenait à s'échapper de l'étreinte dont elle était menacée et se jetait avec la majeure partie de ses forces contre notre aile enveloppante au nord de la Marne et à l'ouest de l'Ourcq; mais les troupes françaises qui opéraient dans cette région, puissamment aidées par la bravoure de nos alliés anglais, infligèrent à l'ennemi des pertes considérables et ont tenu bon, le temps nécessaire pour permettre à notre offensive de progresser par ailleurs.

Actuellement de ce côté, l'ennemi est en retraite vers l'Aisne, vers l'Oise. Il a donc reculé de soixante à soixante-dix kilomètres depuis quatre jours. . . . .

. . . .

A partir du 12 septembre, les phrases du communiqué sonnent comme des coups de clairon. Celui du matin confirme que notre succès s'accentue. Il annonce nos progrès au nord de la Marne et dans la direction de Soissons et de Compiègne. Le 13, il mentionne le cours inférieur de l'Aisne atteint.

Les passants lisent avec des yeux émus les journaux qui tremblent dans leurs doigts. On s'aborde, on discute, mais avec sang-froid. Il n'apparaît pas déjà que tout est fini et que le dernier uhlan a fui vers Berlin.

Le 14 enfin, c'est l'ordre du jour du général en chef : « *La bataille qui se livre depuis cinq jours, s'achève en une victoire incontestable. La retraite des I*^{re}*, II*^{e} *et III*^{e} *armées allemandes s'accentue devant notre gauche et notre centre.*

Partout l'ennemi laisse sur place de nombreux blessés et quantité de munitions. Partout, on fait des prisonniers en gagnant du terrain... » C'est bien la victoire.

En face de ces nouvelles heureuses, pas une explosion de joie, aucune de ces manifestations bruyantes dont Berlin n'eût pas manqué, en une telle occasion, d'être le théâtre. Les Parisiens ne sont pas surpris car ils ont toujours eu, même aux heures les plus noires, la certitude du triomphe final. Ils sont heureux, mais leur joie est tempérée par le sentiment que la victoire, longtemps indécise, a été chèrement achetée. Partout, un sentiment de la mesure, une maîtrise de soi-même vraiment impressionnants, plus grands que tous les chants d'allégresse.

Et Paris, qui s'est montré digne de forcer le destin, le cœur battant mais le visage calme, arbore son âme de vainqueur en adressant à Joffre, à Galliéni, à Maunoury, à tous les soldats qui, par leur sacrifice, l'ont sauvé, l'hommage ému de sa gratitude infinie.

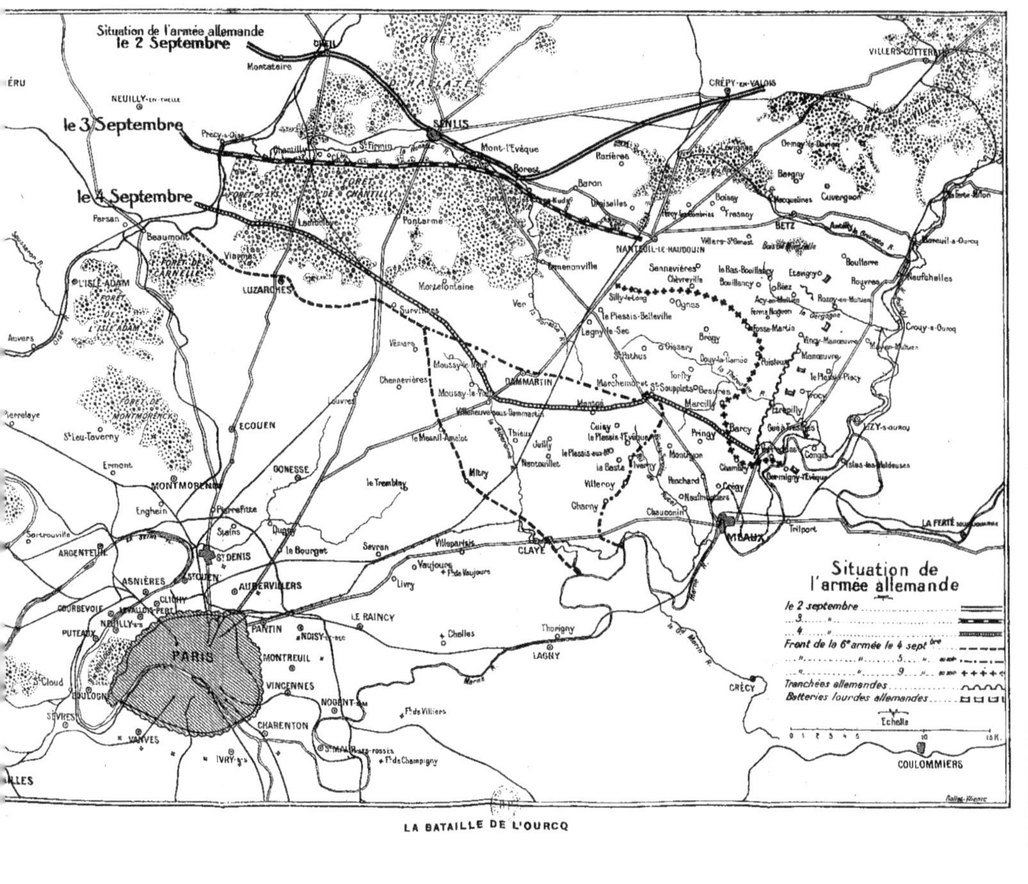

LA BATAILLE DE L'OURCQ

TABLE DES MATIERES

IV. — **LA JOURNÉE DU 6**

V. — **LA JOURNÉE DU 7**

VI. — **LA JOURNÉE DU 8**

VII. — **LA JOURNÉE DU 9**

VIII — **LA VICTOIRE**

9 782019 954727